# 不吼不叫的父母话术

张花艳 著

浙江教育出版社·杭州

图书在版编目（CIP）数据

不吼不叫的父母话术 / 张花艳著. -- 杭州 : 浙江教育出版社，2023.9
 ISBN 978-7-5722-6491-7

Ⅰ. ①不… Ⅱ. ①张… Ⅲ. ①儿童教育－家庭教育 Ⅳ. ①G782

中国国家版本馆CIP数据核字(2023)第160655号

---

**责任编辑** 赵清刚　　　**美术编辑** 韩　波
**责任校对** 马立改　　　**责任印务** 时小娟

## 不吼不叫的父母话术
BU HOU BU JIAO DE FUMU HUASHU

| 著　　者 | 张花艳 |
|---|---|
| 出版发行 | 浙江教育出版社 |
| | （杭州市天目山路 40 号　电话：0571-85170300-80928） |
| 印　　刷 | 雅迪云印（天津）科技有限公司 |
| 开　　本 | 700mm×980mm　1/32 |
| 成品尺寸 | 145mm×210mm |
| 印　　张 | 11 |
| 字　　数 | 270 000 |
| 版　　次 | 2023 年 9 月第 1 版 |
| 印　　次 | 2023 年 9 月第 1 次印刷 |
| 标准书号 | ISBN 978-7-5722-6491-7 |
| 定　　价 | 59.00 元 |

如发现印装质量问题，影响阅读，请与出版社联系调换。

当孩子由衷地说出
"谢谢你们做我的父母,能来到这个世界真好"时,
这一刻,父母才真正成为父母。

# 写给读者们的话

亲爱的读者朋友：

作为一名儿童心理学研究从业者，我阅读了大量有关"如何和孩子沟通""培养男孩或女孩的秘诀"等方面的图书。目前，市面上的经典育儿书很多都来自国外，这些全球畅销的育儿书确实非常经典，可父母们在使用过程中，常常会出现"水土不服"的情况，毕竟使用国外的育儿话术会有些拗口，而这也让我内心对于中国本土的实用育儿书充满了期待。

在育儿的过程中会遇到各种各样的问题，比如孩子突然崩溃大哭，一言不合就发脾气，怎么都不愿意上学，非得买家里一模一样的第 10 辆小汽车。又如，二孩家庭里天天上演的争抢玩具和打闹现象，父母不知道该怎么跟孩子说话，怎么跟发脾气的孩子沟通。

还有些父母说："我知道要跟孩子好好说话，可好好讲，他又不听。我真的不知道该怎么办了！""孩子发脾气时，我该如何去说？因为没有人教过我，我脱口而出的常常是'不许哭''不许打人''再这样我就生气了，不要你了'。我发现自己在靠本能教育孩子，而我说的话越来越像我曾经最讨厌的长辈说的话。请帮帮我，做妈妈真的太难了。"

在听到越来越多家长的诉苦后，我开始考虑写一本关于"父母说话之道"的书。我开始在短视频平台尝试一字一句教家长育儿话术时，效果出奇地好。有100多万父母跟随学习，还有许多奶奶和姥姥一起学。我们把育儿这件事变得简单了，这是2022年最让我欣喜的成就。

现在，我把多年的实战经验总结成了你手中的这本书。本书为大家总结的实用魔法语言，全部都是精选的最适合中国父母的口语表达，并结合教育心理学的相关知识，保证专业性的同时，也尽量符合中国的教育国情。当然，家长们在使用过程中可以发挥主观能动性，依据孩子的实际情况做灵活变动。

花花老师

# 如何阅读本书

每个人的阅读习惯各有不同，有人喜欢看目录挑喜欢的章节读，有人喜欢从头到尾一字不落地读。这本书的好处就是，怎么读都不会出错，所有章节都是并列关系。本书最大的特色，就是要读出声来，每一章节的魔法语言一定要大声跟着读1~3遍，加强记忆。魔法语言虽然是短短的语句，却有大大的魔力。

此外，还建议家长跟孩子一起练习随书附赠的"大笑游戏"，这是我10多年来发现的最简单却最实用的建立亲子关系、释放孩子负面情绪的方法。为人父母，一定要知道，亲子关系大于一切教育方法。没有关系，无从教育。而今天，我为大家找到了建立亲子关系的绝佳方式：大笑游戏。游戏是儿童的语言，建议家长每天抽10分钟陪孩子玩大笑游戏。一段时间后，就能见证亲子关系的蜕变，体会到育儿变得轻松的美妙感觉。如果孩子超过5岁了，我建议家长为孩子写"了不起的清单"。另外，夫妻关系紧张和频繁的争吵是造成对孩子没耐心，在孩子身上发泄情绪的元凶。建议家长打卡"感谢信"，找回和谐的家庭氛围。孩子幸福的童年来自幸福的家。

本书适合读出声，适合看完直接照做，也适合在你即将跟孩子发脾气，或不知道怎么应对孩子的"顶嘴"时随时拿来用。你可以先真诚地表达："宝贝，妈妈现在有情绪了，不是你的错，让我先静一静。"接着，你快速找到本书，打开它，找到那句最能帮上你忙的魔法语言，说出它，帮助你和孩子共同解决问题。这就是本书来到你身边的最强初心。

请把它放在你随手可以拿到的地方，让它随时可以帮你更轻松地育儿，让做爸爸（妈妈）成为幸福而有趣的一件事。为了让你更好地阅读这本书，我们在目录后添加了《阅读指南》，你可根据自己遇到的具体问题，直接查找答案。

最后，谢谢我的母亲，她在我10岁时就邀请我阅读《家教博览》，这是我做家庭教育的源头。感谢我的父亲，他在我17岁高考前夕敲着我的书桌，告诉我将来要成为对社会有用的人，他一直鼓励我说：人生最有意义的事是写一本书。我的父亲罹患癌症10余年，做了20多次手术，他不曾被打倒。本书能这么快跟读者朋友见面，功劳一半在我的父亲。感谢我的丈夫和儿子，他俩是我一生的贵人和幸福源泉，谢谢你们无条件支持我的每一个决定。感谢信任我的家长和孩子们，跟你们一起共度的学习时光，美好又充实。

谢谢拿到这本书的你，希望这本书能给你带来帮助和惊喜。

阅读指南……………………………………………………… 1

## Chapter 1
### 提升孩子的自信

| 001 | "宝贝，你可以黏妈妈的。" ………………………………… | 002 |
| --- | --- | --- |
| 002 | "抱歉，现在我在陪我家孩子，我要挂你的电话了。"…… | 006 |
| 003 | "当然是我的宝贝更重要啊！"……………………………… | 008 |
| 004 | "即使你没做好，也不影响我爱你。"……………………… | 012 |
| 005 | "不管你觉得我坏不坏，我都爱你啊！"…………………… | 016 |
| 006 | "我们一起做自信操吧！"…………………………………… | 019 |
| 007 | "你又长本事啦！"…………………………………………… | 021 |
| 008 | "谢谢你帮了大忙哦！"……………………………………… | 024 |
| 009 | "哇，你真是……"…………………………………………… | 027 |

010 "哇！你是怎么做到的？" …………………………………… 029
011 "我相信这样一来，你能成为最守时的孩子。" ……… 032
012 育儿小课堂 "你是独一无二的宝贝。" …………………… 035
013 育儿小课堂 这是你的了不起清单 …………………………… 038

## Chapter 2
## 提升孩子的抗挫力

014 "你想赢的心是很好的哦！" ……………………………… 046
015 "你今天尝试了第一次上台，很勇敢哦！" …………… 049
016 "犯点儿小错误没关系，要想办法弥补。" …………… 052
017 "你独立完成了，你做到了！" ………………………… 055
018 "多多练习是成功的法门。" …………………………… 057
019 育儿小课堂 "每个难题至少有三个解决办法。" ……… 060

## Chapter 3
## 让孩子学会情绪管理

020 "你今天是什么心情啊？" ………………………………… 064
021 "是什么情绪小人跑到你身上了？" …………………… 067

| 022 | "人人都会有情绪，一会儿就过去喽。" | 069 |
| --- | --- | --- |
| 023 | "你要不要用一下冷静角？" | 071 |
| 024 | "你懂得分享、帮助和关心，真是快乐大富翁。" | 073 |
| 025 | "是不是着急啦？" | 075 |
| 026 | "生气的时候说出来，心情就会变得愉快。" | 077 |
| 027 | "你真正想说的是'我很生气'，对吗？" | 079 |
| 028 | "难受了想哭就哭，妈妈陪着你哭一会儿！" | 081 |
| 029 | "来，妈妈抱抱。" | 084 |
| 030 | "你这么快就停下来不哭了啊！" | 087 |
| 031 | "遇到害怕的事，我有办法。" | 088 |
| 032 | "妈妈听懂了。" | 090 |
| 033 | "你的嫉妒很正常。" | 092 |
| 034 | "我们换一个新方法来解决老问题吧！" | 094 |
| 035 | "你值得拥有一切美好的东西。" | 095 |
| 036 | "谢谢你照出了妈妈内心的恐惧。" | 099 |
| 037 | "这是你的隐私哦！" | 100 |
| 038 | 妈妈如何才能不焦虑 | 103 |
| 039 | "不让妈妈上班？可是妈妈还挺喜欢上班的，就像你喜欢去游乐场一样。" | 104 |
| 040 | "打人是不可以的！" | 106 |
| 041 | "害怕是可以的。" | 108 |
| 042 | "你想要妈妈……好的，妈妈做好菜马上就来。" | 110 |
| 043 | "原来大冬天穿裙子真的不是个好主意啊！" | 112 |
| 044 | "宝贝，你的手给妈妈看一下，疼不疼？妈妈好心疼。" | 114 |
| 045 | "宝贝，你想吃糖果啊，你说得真清楚……" | 116 |

| | | |
|---|---|---|
| 046 | "幸运的是……" | 119 |
| 047 | "就算爸妈离婚了,你依然是我们的孩子,我们永远不会抛弃你。" | 121 |
| 048 | 育儿小课堂　"爱你四首歌"案例 | 125 |
| 049 | 育儿小课堂　情绪管理案例 | 132 |

## Chapter 4
## 搞定孩子的拖拉、磨蹭

| | | |
|---|---|---|
| 050 | "好的,妈妈愿意哦!" | 140 |
| 051 | "再做一遍。" | 143 |
| 052 | "你真是个行动派!" | 146 |
| 053 | "该不会我数到5,你就完成了吧?" | 148 |
| 054 | "饭前先洗手,细菌全赶走。" | 151 |
| 055 | "离开餐桌,就不能再吃喽。" | 153 |
| 056 | "吃饭又吃菜,才能长得快。" | 156 |
| 057 | "青菜想排队被你吃呢!" | 158 |
| 058 | "吃饭真有趣啊!" | 161 |
| 059 | "新的一天开始了,宝贝该起床了,妈妈看看,你是不是变漂亮了?" | 165 |
| 060 | "妈妈把你钓回家吧!" | 168 |
| 061 | "喝一杯能量水吧!" | 170 |

| | | |
|---|---|---|
| 062 | "中了吵架大魔头的诡计。" | 172 |
| 063 | "零食可以吃，但吃完要刷牙。" | 174 |
| 064 | "宝贝，你一颗蛀牙都没有，因为你很认真地刷牙。" | 176 |
| 065 | "哇，真的穿好了！简直太神奇了！" | 179 |
| 066 | "宝贝，妈妈要陪你去打针，会有点疼，但妈妈一直陪着你。" | 181 |
| 067 | "我差点儿忘了，我也有一个可爱的宝贝。" | 185 |
| 068 | "我们要安全过马路。" | 187 |
| 069 | 育儿小课堂　如何给孩子立规矩 | 189 |
| 070 | 育儿小课堂　"来念顺口溜吧！" | 192 |

# Chapter 5
## 提升孩子的人际交往能力

| | | |
|---|---|---|
| 071 | "我知道你是在积攒勇气。" | 196 |
| 072 | "这话不好听，这是冷漠的小刺，会刺疼爸爸。" | 199 |
| 073 | "分享越多，快乐越多。" | 201 |
| 074 | "想个方法同时满足两个人的需求。" | 204 |
| 075 | 育儿小课堂　"以后你的朋友遍天下哦！" | 206 |

## Chapter 6
## 提升家庭幸福力

| | | |
|---|---|---|
| 076 | "我很高兴你是我的孩子。" | 210 |
| 077 | "谢谢奶奶关心,我要自己做。" | 214 |
| 078 | "欢迎爸爸回家。" | 216 |
| 079 | "你像爸爸一样会照顾妈妈。" | 218 |
| 080 | "爸爸的意思是……" | 220 |
| 081 | "爸爸说得对。" | 223 |
| 082 | "你就像爸爸一样认真。" | 225 |
| 083 | 让爸爸爱上带娃的有用方法 | 227 |
| 084 | 育儿小课堂 "我要给你写感谢信。" | 231 |
| 085 | 育儿小课堂 "太好了,遇到麻烦事了。" | 237 |

## Chapter 7
## 让孩子学会自主学习

| | | |
|---|---|---|
| 086 | "你会写漂亮字啦!" | 242 |
| 087 | "你盯着墙在思考作业上哪道题啊?" | 244 |
| 088 | "这么难的题你都做对了。" | 246 |
| 089 | "让脊柱长得直直的。" | 248 |
| 090 | "不管你考多少分、多少名,我都爱你。" | 250 |

| | | |
|---|---|---|
| 091 | "需要爸爸（妈妈）的什么支持吗？" | 252 |
| 092 | "你数学好棒啊！" | 254 |
| 093 | "哇，你上了一天学，又变好看了。" | 256 |
| 094 | "上了幼儿园就是不一样。" | 259 |
| 095 | "幼儿园里没有妈妈。" | 262 |
| 096 | "老师，孩子特别听你的话。" | 264 |
| 097 | "老师，谢谢你主动说明孩子的情况。" | 266 |
| 098 | "你确定这是你真正喜欢的吗？" | 268 |
| 099 | "当这个针指到五，我们就要出门喽。" | 270 |
| 100 | "你像孙悟空一样厉害。" | 272 |
| 101 | "世界是由形状组成的。" | 274 |
| 102 | "我们在花园里吃早餐。" | 276 |
| 103 | 育儿小课堂 "就知道你是有学习主动性的。" | 278 |

## Chapter 8
### 二孩 / 多孩养育指南

| | | |
|---|---|---|
| 104 | 多孩父母的五大角色 | 282 |
| 105 | "这是妹妹送你的礼物。" | 286 |
| 106 | "妈妈只关心谁先解决了问题。" | 289 |
| 107 | "谢谢你给了妹妹一个安静的睡觉环境。" | 292 |
| 108 | "妈妈今天可太轻松了。" | 294 |
| 109 | "好希望妈妈是我一个人的。" | 296 |

| 110 | "我们来魔法约会吧。" | 298 |
| --- | --- | --- |
| 111 | "谢谢你用了宝贵的自控力。" | 302 |
| 112 | 育儿小课堂 "为什么你只爱弟弟?" | 305 |

## Chapter 9
### 给孩子种下好种子

| 113 | 好孩子都是种出来的 | 310 |
| --- | --- | --- |
| 114 | "你不是好动,是太灵活。" | 311 |
| 115 | "你不是调皮,只是好奇。" | 315 |
| 116 | "你真的很会和奶奶合作呢。" | 317 |
| 117 | "不要做乖孩子,要做你自己。" | 319 |
| 118 | 不培养听话的孩子,只培养合作的孩子 | 321 |
| 119 | 育儿小课堂 学习魔法语言后,父母和孩子的美好日常 | 324 |

| 大笑游戏目录表 | 328 |
| --- | --- |

# 阅读指南

亲爱的读者朋友们，为了让大家更方便找到本书中对应的内容，我们特别整理了这份问题索引，您在遇到问题时可以直接根据问题对应的页码找到对标的内容，以便及时有效地答疑解惑、解决问题。

祝您健康快乐，生活美满。

1　孩子黏妈妈怎么办？002
2　孩子求关注，家长怎么做？006
3　孩子不让家长工作怎么办？008、104
4　孩子犯错了、尿床了，如何与孩子沟通？012、052
5　孩子哭闹、打人怎么办？016、106
6　如何提升孩子的安全感？019、095
7　如何提升孩子的自信？021

8 如何培养会感恩的孩子？024

9 如何正确夸奖孩子？027、029、038

10 如何正确批评孩子？032

11 孩子玻璃心输不起怎么办？046

12 孩子不敢尝试新事物、胆小怎么办？049、108

13 如何培养孩子的独立能力？055

14 孩子老说"不知道""我不会"，该怎么引导？057

15 如何培养孩子的抗压能力？060

16 如何帮助孩子认识情绪？064、067、069、088、092

17 如何让孩子学会情绪管理？071、075、077

18 孩子闹情绪怎么办？079、081、084、087、090

19 妈妈焦虑怎么办？099、103

20 孩子夹腿、磨蹭小内裤，家长应该怎么引导？100

21 孩子不满足就哭闹怎么沟通？110

22 孩子非要乱穿衣服怎么引导？112

23 孩子老是吃手怎么引导？114

24 如何拒绝孩子不合理的要求？116

25 如何培养乐观的孩子？119、237

26 离婚如何跟孩子说？121

27 孩子拖拉、磨蹭怎么引导？ 146、148、192

28 孩子不肯洗手怎么办？ 151

29 孩子吃饭慢，老跑动，又挑食，怎么办？ 153、156、158、161

30 孩子有起床气怎么办？ 165

31 孩子出门就不肯回家怎么办？ 168

32 孩子不爱喝水怎么办？ 170

33 两个孩子打架、抢玩具怎么办？ 172、204

34 孩子老是要吃零食怎么办？ 174

35 孩子不肯刷牙怎么办？ 176

36 孩子不肯好好穿衣服怎么办？ 179

37 孩子怕打针、不肯吃药怎么办？ 181

38 孩子不许妈妈抱别人怎么办？ 185

39 孩子老是乱跑，不好好过马路怎么办？ 187

40 如何给孩子立规矩？ 189

41 孩子不敢跟人打招呼怎么引导？ 196

42 孩子爱说脏话、骂人怎么引导？ 199

43 孩子不肯与别人分享怎么引导？ 201

44 如何提升孩子的社交能力？ 206

45 爸爸如何培育孩子？ 210、227

46  老人爱包办孩子的事怎么办？214

47  如何营造幸福的家庭氛围？216、218、220、223、225、231

48  孩子不爱写字，写字潦草怎么办？242

49  孩子写作业拖拉、磨蹭怎么办？244、252

50  孩子考了100分怎么夸？250

51  怎么培养好学、爱学习的孩子？246、254、274、278

52  孩子在幼儿园想妈妈、不肯上幼儿园怎么办？256、259、262

53  如何跟老师高情商沟通？264、266

54  孩子没有时间观念怎么办？270

55  如何做好多孩父母角色？282

56  如何让大宝接受二宝？286

57  如何轻松养育二孩家庭的孩子？289、292、294、296、298、302、305

# Chapter 1

## 提升孩子的自信

## 001

## "宝贝，你可以黏妈妈的。"

每个妈妈在孩子小时候几乎都有过这样的经历：你要上班，孩子哭；你要上厕所，孩子来拍门；孩子一定要时时刻刻都见到妈妈，看不见就哭；家里明明有其他大人在，可是孩子却什么事都喊"妈妈、妈妈、妈妈、妈妈"……好不容易等到孩子上幼儿园了，孩子还是哭着要妈妈。看着孩子哭，妈妈也心碎，心里还会焦虑："这孩子是不是太黏人了？我得想办法培养他独立。"

于是，妈妈开始要求孩子"自己的事情自己做"，"不行，妈妈要炒菜，你自己画画；不行，妈妈要工作，你自己玩会儿积木；不行，你长大了，妈妈抱不动了"。孩子一被拒绝就开始哭闹，气得妈妈快控制不住情绪，都想打他了。

要解决孩子黏人的问题，可以分以下两步。

## 第一步，补足孩子的安全感

一个心理健全的孩子，3岁前一定是非常黏妈妈的，因为他需要从妈妈身上找到安全感；而4~5岁这两年，孩子会比较黏爸爸，天天都在问："我爸爸呢？爸爸去哪儿了？爸爸什么时候回来？"爸爸回家了，孩子就会很高兴，缠着要爸爸陪着玩，因为孩子需要从爸爸身上得到力量感。

所以，3岁的孩子要妈妈陪，要黏妈妈，妈妈可以放心大胆地回应他，用最温柔的声音告诉他"你可以黏妈妈的"。

我们来一起学习下面这段话："**宝贝，你可以黏妈妈的。我知道你很喜欢妈妈，因为妈妈对你很重要，对吗？你知道吗，妈妈也很喜欢你，你对我超级重要。**"

多多重复这段话，会补足孩子的安全感，拥有充足安全感的孩子会自然培养出独立的能力。同时，我们可以反向育儿，主动黏孩子。

很多妈妈既要带娃，又要做家务、忙工作。当妈妈太疲惫时，就想玩会儿手机，会拒绝孩子的陪玩需求，很想把孩子推出去，希望他独立。但是对孩子来说，他感觉到妈妈想把自己推出去时，他会觉得不安，就更想黏着妈妈。那我们怎么做，才能让孩子感觉到安全？主动去黏孩子，通过主动黏来解决孩子太黏妈妈的问题。我们可以借助三个时机来完成主动黏孩子。

第一个时机，在孩子特别可爱的时候。比如，孩子刚睡醒，身上穿着毛茸茸的睡衣，我们摸摸孩子的小脸蛋，捏捏他的小耳朵，温柔地说："宝贝，我好喜欢你，怎么会有一个这么可爱的宝贝躺在我们家的被窝里呢？"下班时，孩子笑眯眯地向你扑过来，你可以对孩子说："哇，又抱到我的宝贝了！妈妈怎么一见到你就这么开心啊，你是不是有什么魔力啊？"孩子会越来越确定自己是被爱的。

第二个时机，在孩子需要你的时候。比如，妈妈在做饭或者写工作文档时，孩子跑过来说："妈妈你陪我玩。"这时，妈妈千万不要说"你自己去玩吧，妈妈要忙工作"。如果这样做的话，孩子往往会反复地来打扰妈妈。

最好的做法是，妈妈能够先停下手上的事情，对孩子说："宝贝，又想妈妈了是不是？来让妈妈抱抱。"把孩子抱在腿上，"妈妈告诉你哦，谢谢你刚才独立玩积木，让妈妈安安心心工作了 20 分钟呢。谢谢你哦，这么独立。"先给孩子一点儿温暖的鼓励，如果工作不急于一时，就先陪孩子。如果着急，可以给孩子发布他感兴趣的任务，比如给妈妈搭三辆神奇的校车。

第三个时机，在孩子受挫时。比如，孩子怎么都拼不好玩具，或者孩子被爸爸凶、被奶奶批评了，委屈地哇哇直哭。妈妈不要立刻出去跟爸爸或者跟奶奶吵架，可以来到孩子身边，温柔地对孩子说："我的宝贝伤心了，让妈妈来抱抱你。难过了想哭就哭一会儿吧，有妈妈陪着你呢。"

## 第二步,鼓励孩子独立

> "哇!一到游乐场,你就独自去滑滑梯。而且,你跟小朋友开心地玩了 20 分钟,还交到了新朋友。今天,你是独立交朋友的宝贝啦!"
>
> "哇!你今天跟爸爸玩得真开心,妈妈看到你和爸爸一起开心地玩,心里美滋滋的。"
>
> "妈妈发现你今天是自己穿鞋子的,并且独立吃了五口饭,还自己玩了 20 分钟。怪不得妈妈今天感觉好轻松。谢谢你。"

抓住孩子独立的高光时刻,让孩子看见自己的力量。补足安全感,让孩子相信自己是被爱的、是重要的;强化孩子独立的时刻,让孩子相信自己是独立能干的。这样不仅能解决孩子胆小、黏人的小问题,还会让孩子的人格发展得更健全。

## 002

## "抱歉，现在我在陪我家孩子，我要挂你的电话了。"

家长们一定都遇到过这种情况：正在陪孩子时，来了推销电话，你快速地接起，听了两句就婉拒："不需要，我在忙，再见。"或者看到显示推销的电话号码，你直接就拒接了。

我建议智慧的父母可以借此机会给孩子补足"重视感"。比如，接起来（小声地）说："抱歉啊，我不需要。我在陪我家孩子，很重要，所以我要挂你电话了！"挂了电话后，笑眯眯地跟孩子接着玩。

这样的方式特别适合 4 ~ 15 岁的大孩子。孩子在旁边听到后，心里会美滋滋的，特别是当父母小声打电话时，孩子会更好奇，他会竖着耳朵认真听。无意中，父母会让孩子相信，他非常重要。这样的孩子相信自己是有价值的，会较少求关注，长大后也会非常自信，拥有高价值感！

如果是重要的电话必须要接，父母可以跟孩子说："宝贝，爸爸（妈妈）要接个工作电话。但是陪你也很重要，爸爸（妈妈）尽量在 10 分钟内处理完回来。你可以先搭出一个超大城堡吗？"（布置任务，让孩子忙起来。）

陪伴孩子时不接电话，哪怕只是 10 分钟专心、高质量的陪伴。同时，找机会当着孩子的面挂掉不重要的电话，给孩子一份重视。我们再来练习一遍："抱歉，现在我在陪我家孩子，我要挂你的电话了。"

## 003

## "当然是我的宝贝更重要啊！"

### 豆豆的故事

妈妈正在电脑桌前处理工作，4岁的豆豆闹着要妈妈给他读绘本。爸爸在客厅喊："豆豆，妈妈在工作，爸爸给你读！"豆豆不肯，非得要妈妈读。妈妈不耐烦地说："去去去，你让你爸爸读不行吗？没看到妈妈在工作吗？"结果豆豆生气了，狠狠地敲了几下妈妈的背。妈妈很吃惊，他们从来不打孩子，豆豆为什么要打人？妈妈下意识地一把扯过孩子说："不可以打人！"

没想到豆豆的眼眶瞬间就红了，又打了几下妈妈的背。妈妈捏着豆豆的手说："不可以打妈妈，妈妈会疼。"

这时候，爸爸进来了，一进来就打了几下豆豆的屁股，然后把孩子叫到客厅，让他罚站。豆豆不服气，不肯去站着，爸爸又是几巴掌打在他屁股上，豆豆开始哇哇大哭。

妈妈也没心思工作了，心烦意乱地来到客厅，埋怨爸爸对孩子没耐心。爸爸也抱怨："都是你给惯坏的，要不他怎么只打你，不打我？你现在不好好管教，将来有人替你管教。他现在就敢打妈妈，将来出门就敢打别人。再不管教，以后杀人放火的事情他都做得出来，慈母多败儿！"一点小事，闹得一家人鸡犬不宁。这是不是一个很熟悉的场景？

这里存在三个问题。第一个问题，孩子为什么会打妈妈，他是故意的吗？他坏吗？不，他是想引起妈妈的注意。小小的豆豆心里想："妈妈为什么一直在工作，为什么都不看看我？她老是让我等着，我感觉很生气，但我不会说。我想让妈妈多陪陪我，爱我就要多陪陪我。"

第二个问题，孩子为什么敢打妈妈？孩子虽然知道打人不对，但他知道他不会因此失去妈妈的爱，这代表着孩子从妈妈那里获得了极大的安全感，那些常年被打骂的孩子是一点儿攻击性都没有的。如果孩子一点儿攻击性都没有，就说明教育是失败的，太乖、太懂事的孩子通常都是因为缺爱。

第三个问题，面对这种情况该怎么教？首先，小孩子越是行为冲动，家长就越需要对他进行情感引导。以这个例子中的妈妈为例，可以这样来做：

第一步，先拉过来抱一抱："妈妈知道你很失望，因为妈妈现在没有时间陪你，对吗？"认同孩子的情绪，负面情绪会慢慢减少。

第二步，"大家都不喜欢等待，但妈妈现在真的很需要你的帮助，你愿意再等妈妈30分钟吗？"给孩子明确等待的时间，给孩子希望。

第三步，"那在这30分钟里，做什么事情能让你觉得有趣和开心？"引导孩子自主安排，安抚他的心情。最后告诉孩子："刚才你打了妈妈，妈妈也会痛。我不喜欢你用这种方式表达你的心情，你可以用嘴说出来。"给孩子正确的引导。

如果孩子非常难沟通，非要妈妈读绘本，一定要考虑是不是妈妈给予孩子关注的时间不够。要增加陪伴的时长或质量，工作不着急就先放下，去陪孩子。如果重要的话，就等孩子睡后再做。"妈妈还想工作，但当然是我的宝贝更重要啊！妈妈先陪你玩什么呢？"给足重视的孩子，不会一直求关注。

还可以对孩子表达感谢，强化孩子好的行为："谢谢宝贝刚刚在妈妈工作时自己玩了 20 分钟，都没有打扰妈妈，妈妈安心地写完了五张 PPT，谢谢你哦。现在是陪宝贝时间啦！"

又如，孩子缠着妈妈，妈妈现在却需要洗碗。这时，妈妈可以尝试说："妈妈在洗碗，但当然是我的宝贝更重要啊，来陪妈妈一起洗碗吧。"安排孩子可以参与的家务，只要孩子和妈妈在一起，对孩子来说就是陪伴。

## 天天的故事

天天要去上乐高课，妈妈着急赶工作要用的课件，但天天缠着妈妈，非要让妈妈陪他去上课。妈妈抱了抱天天，两个人腻歪了一会儿。

天天还是不松口，不要小姨陪，就要妈妈陪。妈妈的桌子上刚好有个橘子，她就掰下一瓣递给天天："儿子，第一瓣橘子奖励给你。今天一大早醒来，你就独自玩了一个小时。你有独自玩的能力，这是送给你的独立橘子。"妈妈细数了天天一上午做的所有事情，表达了妈妈对孩子的关注和欣赏，然后又掰下一瓣橘子，"这一瓣也给你,因为你今天学会了自己读书,你读书的时候,妈妈听得很享受,这是爱读书的橘子。"天天很高兴,没想到,妈妈又送来一瓣,妈妈还没张嘴,天天就说:"妈妈,那你送我去上课嘛。"

"问题是妈妈遇到一个难题,你上课的时候,我也要在电脑上给别人上课。你知道妈妈在电脑前做什么吗?"

"我知道你要帮助很多妈妈做到不打她们的孩子。"天天说。妈妈很欣喜,平时多跟孩子说工作上的事情还挺有用:"对!妈妈要帮助很多的人,所以我要足够认真。"

"我上课也很认真。"天天一脸得意。

"你今天去上课,又能体验一次认真,所以第三瓣是认真上课的橘子。"

"妈妈,你还有两瓣橘子,也奖励给我可以吗?"

妈妈把橘子给了天天,天天拿到橘子说:"奖励妈妈会帮助别人,奖励妈妈很认真。"妈妈心头涌上阵阵暖流,眼里都是笑意:"宝贝,你在妈妈心中很重要!"

天天跟小姨走到楼梯间,他绕了一圈后又回来:"妈妈,你还是送我到楼下吧。"

妈妈后来反思,发现自己确实陪伴孩子的时间不多,对孩子关注不足。毕竟天天一早上起来,自己玩了那么久,妈妈都没有陪伴,再加上最近连轴转,对孩子确实是有所忽略的。只有陪够,孩子才不会黏人。

## 004

## "即使你没做好,也不影响我爱你。"

(适用于 7 岁以上的孩子)

孩子天真可爱时,我们爱他;孩子成绩考满分时,我们爱他。可他犯错、有负面情绪时,哭闹、发脾气时,也同样拥有被爱的资格。这就是父母所能给孩子最稳定的爱,也叫"无条件的爱"。孩子的大部分问题,都是因为父母给的爱不稳定。

在心理咨询室里,17 岁的轩轩说他最痛苦的事情是:考好了,父母会开心庆祝;考不好,父母虽然不骂他,但是会露出很发愁的脸。他感觉父母爱的不是他,而是他考的好成绩。他渴望父母能爱他,就只爱他本来的样子。

当孩子表现得不尽如人意时,请用"孩子,即使你暂时没做好,也不影响你是我心目中的好孩子,更不影响我爱你"这样的魔法语言去代替高高在上的原谅"没关系,妈妈不怪你,下次我相信你一定可以考好"。这样,孩子才会确信自己永远值得被爱。

下面介绍几个案例。

## 案例一：7 岁的琪琪尿裤子了

琪琪尿湿裤子了。到了马桶旁边，她没来得及脱裤子就尿了，弄得整个卫生间都是尿。妈妈回到家，看到这样的情景，气愤不已。默数了 10 个数后，妈妈说了一句："我现在十分抓狂，请你自己把这里收拾干净。"说完，妈妈转身就去做家务了。妈妈听见琪琪一个人在厕所里哭，声音很小，大概哭了两分钟，就自己去拿拖把打扫了。另一边，琪琪的弟弟吃包子把衣服和垫子上弄得全是油，妈妈感觉自己要爆炸了。

妈妈冷静了三秒后对自己说："太好了，弟弟可以换新衣服穿了，垫子用肥皂水抹一下就干净了。"做完这些后，妈妈去看琪琪收拾得怎么样了。她正在洗衣服，妈妈把她拉到一边问她刚刚尿湿裤子的感觉怎么样，她摇了摇头。妈妈说："能告诉我你的感受吗？"她说："我不知道。""那你跟我过来。"琪琪忙说"不要，不要"，应该是怕妈妈像以前一样骂她，还让她罚站。妈妈说："你知道吗，即使你今天尿裤子了，也不影响我爱你，因为你永远是我的宝贝。"说完这句话后，不光琪琪的脸上写满了惊讶，妈妈都有点儿佩服自己了。

接着，妈妈带着琪琪来到情绪脸谱前面，把所有情绪给她读了一遍。琪琪告诉妈妈，她的感觉是很难过、不舒服，还有委屈。妈妈说："噢，你裤子湿了不舒服。你很不愿意发生这件事，所以很难过。妈妈一回来就脸色不好，还指责你，所以很委屈，是吗？"她含着眼泪说："是的。"（这次是感动的泪水。）妈妈说："好的，我知道了。事情已经发生了，我们就先处理吧。你看你辛苦拖了半天，还是有一些异味，我来帮你。"琪琪说："妈妈不用帮忙，我要自己清理。"最后，妈妈还是用清洁剂和大量的水冲洗了整个卫生间。妈妈想：经过这件事，琪琪一定明白了妈妈很爱她，尿裤子不是一件好事情，自己不舒服，妈妈打扫卫生也很辛苦。清理完后，妈妈问琪琪下次怎样避免这种情况。她说："我有尿就马上去厕所。"妈妈说："这是个好办法哦。我建议你下次要是没来得及脱裤子，不管尿湿了多少，都先坐到马桶上去。这样，换个裤子就行了，不会弄脏卫生间。"琪琪连忙点头，然后开心地去玩了。

## 案例二：10 岁的乐乐尿床了

今天是开学的第一天，乐乐一晚上都在做噩梦。紧张又刺激的一夜过后，乐乐发现裤子和被子都湿透了。乐乐很羞愧，不知道怎么跟妈妈说，担心妈妈会责备——"这么大的人了，还会尿床，羞死人了！"结果，妈妈摸了摸被子，又摸了摸乐乐的头："先换上裤子去上学，不然要迟到了，被子放学后自己洗。""妈妈，你不生气，不骂我？"妈妈笑了："傻孩子，你又不是故意的，妈妈为什么要骂你。即使做错了事，也不会影响妈妈对你的爱。"

乐乐很感动，她永远记得妈妈温柔说话的样子。这句话，她说要记一辈子。

乐乐的妈妈担心，这样会不会变成溺爱孩子？孩子仗着父母的爱，有恃无恐，比如发脾气时还会说："你不给我看电视，我就不爱你了！"

这时，妈妈要表现得温柔而坚定。乐乐的妈妈可以笑着说："你爱不爱我，我都爱你哦。"

"那如果孩子还是生气，要伸手打妈妈呢？"

抓住孩子打人的手,错误的行为要坚定地制止,但孩子需要温柔的爱:"打人不可以,但你永远都不会失去妈妈的爱。"

试着在教育孩子的同时,让孩子感受到妈妈的爱,这样教育才有效果。

"宝贝,即使你没做好,也不影响我爱你。"

请多多对孩子这样说,让孩子感到自己是被爱的,同时也能培养孩子足够的安全感。

## 005

## "不管你觉得我坏不坏,我都爱你啊!"

（适用于 1～7 岁的小孩子）

当父母拒绝满足孩子的某个要求,或者关了电视、拿走手机时,孩子会边哭边打父母:"坏爸爸（妈妈）,坏爸爸（妈妈）！讨厌爸爸（妈妈）！"

父母听了会很伤心,有时也可能会很焦虑:孩子为什么这么暴力？其实我们可以放宽心,这些"暴力"语言和行为都是有前情的。前情就是孩子感受到被拒绝、被批评,他产生了强烈的抵触情绪。激烈的情绪让他用本能的方式发泄,此时不是讲道理或指出错误的时机,孩子需要的是帮助而非责备,父母的职责是帮助他变得平和。

首先试着蹲下来平视孩子,最好拥抱他:"你真的生气了？看起来你真的很生气。"温柔地安抚、拥抱他,同时拦住他要打人的动作。

等孩子平静下来,可以跟他说:"现在,你可以想一想玩什么能让你开心,或者去看看我那里还有什么新故事。"（帮助孩子做自己喜欢的事,重新回到积极情绪。）

在孩子的情绪完全过去后，跟孩子复盘："今天，你想再看一会儿电视，用哭和打人的方法有没有用？后来你想听新故事，用什么方法让我知道给你读哪个故事的？"

"说出来。"

"对，说话比哭管用。你可以直接说你很难过，你很生气。"

最后，教孩子学会体会别人的感受："我发现你有进步哦，今天哭的时间变短了，还会把讨厌的情绪说出来。同时，我要告诉你，听到你说'讨厌爸爸（妈妈）'，爸爸（妈妈）有点儿伤心。下次你可以把你的情绪说出来，爸爸（妈妈）会马上帮助你。"

我们来看看奇奇的故事。

"妈妈，我要喝酸奶。"

"可以啊，吃完饭后喝。"

"不行，我就要，我就要现在喝！你不给我喝，我太委屈了，你是个坏妈妈！"

"不管你觉得我坏不坏，我都爱你啊！"

孩子的哭声逐渐变小。

"而且，妈妈正在做饭，还有 20 分钟就要吃饭了。妈妈很欣赏你，你很会表达自己的情绪。不能喝酸奶的时候你感觉有些委屈，对不对？现在不给你喝酸奶，但是不影响我爱你！"

"那我就不吃饭。"

"你不吃饭，我也爱你，那你一会儿看着妈妈吃。"

"那我可不可以一边喝酸奶，一边吃饭？"

"好棒，这是一个好棒的主意，你想到既能满足自己的需求，又能吃饱饭的方法了。那现在还有 20 分钟，你想想看，你要做些什么？"

"我要去看故事书。"

"可以啊，你真的好会规划你的时间。"

如果父母学会在引导孩子的过程中"听懂"孩子的情绪，同时让孩子感受到父母的爱，父母和孩子的联结就不会断裂，亲子联结会让孩子从情绪中走出来，还会让他学会如何想办法解决问题。

当孩子用情绪"威胁"家长，说"你不给我吃冰激凌，我讨厌爸爸（妈妈）"时，我们可以稳稳地接住孩子的坏情绪，不受他的威胁："你讨厌不讨厌我，我都爱你哦。"

## 006

# "我们一起做自信操吧!"

有一个孩子常常说"我不会,我不知道,我不行,妈妈你帮我",听得多了,他妈妈就很忧愁,觉得孩子胆子小,不自信。

这个孩子来到新环境不敢尝试,见到老师不敢打招呼,想跟小朋友玩却总要拉着妈妈的手去,妈妈试过鼓励他自己去交朋友,但很少能奏效。

妈妈心急就会催:"你去啊,你想跟小朋友玩就自己去啊。妈妈是大人,不能进游乐场的!你不去,那我们走了,你也不能玩了。"妈妈都用上了激将法,还是没效果。

其实孩子会出现胆小怕生、谨慎、不敢尝试的行为,第一个原因是,这个孩子缺乏安全感。第二个原因是,孩子很可能是忧郁型和冷静型两种先天特质的小孩,不要逼着忧郁型和冷静型孩子去做热情主动的行为,很容易失败,家长也会感到挫败。第三个原因是,孩子怕生胆小只是阶段性行为或偶尔性行为,父母放宽心,多观察。

正确的做法是家长不焦虑，多给孩子做榜样，比如家长可以主动跟老师打招呼，不强求孩子也要这么做。再就是家长不强迫，而是多给孩子机会，让他观察新环境，熟悉环境之后行动就会出现，比如去了 20 次游乐园后，孩子自己就能去找小朋友玩了。

家长特别担心孩子没有安全感，怎么办？

首先应了解安全感主要受三个因素影响。一是父母感情。父母感情越好，孩子就越有安全感。二是妈妈的情绪。为什么是妈妈的情绪，而不是爸爸的情绪呢？因为孩子 3 岁前是培养安全感的最佳时期，这时妈妈对孩子的作用远远大于爸爸，爸爸给孩子力量感，妈妈给孩子安全感。妈妈情绪越平和稳定，孩子越有安全感。三是家长是否过于宠溺。家长不要太宠溺孩子，要允许孩子多摸、多看、多踩水，锻炼孩子自己穿衣、穿鞋、用剪刀，孩子的自主能力越强、越自信，安全感就越充足。

**在多年的儿童情商工作中，我还发现了一种能让孩子自然而然拥有高自尊、高自信的方法：父母和孩子一起做自信操。**

具体操作过程如下：

一、时间：清晨，或者饭后、睡前，或者其他父母喜欢的固定亲子陪伴时间。

二、父母和孩子一起做，扎好马步，大声喊"我是最棒的，我是最优秀的，我的自信犹如滔滔江水，绵延不绝，我挡我挡，我怎么挡也挡不住"。

## 007

## "你又长本事啦！"

心理学家统计过，孩子学会走路，要摔一万次；孩子5岁前，从头发育到脚，至少掌握了100项技能，翻身、坐、爬、站、走、跑、跳、转圈圈、单脚站立、换脚跳、拍球、骑车、跳绳、游泳、滑轮滑……从大动作到精细的手指动作，从单一动作到复杂的全身协调动作。成年人一年都不一定能学会两项技能，而我们的孩子要一年学10～20项技能，这是值得我们惊叹和敬畏的。所以，我们全家都有一句口头禅："哇，你又长本事啦！"

我家小宝2岁时，我教他漱口，他喝完就吞了，试了五次，都是如此。对此，我也不焦虑，没有去专门教他如何漱口，只是刷牙、漱口都当着他的面。过了半年，有一天，小宝成功地吐出漱口水，我惊喜地说："啊，你什么时候长的本事啊？你学会漱口啦！"我说话特别有感染力，小宝听了很开心，有段时间为了漱口都抢着刷牙。

小宝1岁前洗头会哇哇叫，2岁时学会了闭上眼数30个数洗完头，到4岁时都可以自己洗澡了。对于高敏感、适应新环境总要慢三天的他，每次他做不到某件事的时候，我就陪着他。只要有进步了，我就惊喜地说："小宝，你又长本事啦！"

小宝 3 岁时穿鞋子还常常弄反左右脚，出门时，我会提醒他："你感觉穿得舒服吗？不舒服就换下左右脚。"小宝自信地不换，出门后，邻居会笑话："怎么鞋子都穿反啦！"他有时会不好意思，让我帮他换，更多的时候他不理会，我也不管。他 4 岁后就每次都穿对了，我开心地说："哇，妈妈发现你学会分左右脚了！这个本事是怎么学会的？告诉妈妈，我要教给更多小朋友。"小宝很淡定："多多练习，多多尝试，就会成功的。"我差点儿惊掉下巴。只要不怕尝试，总会有成功的时候，这也是我从来不焦虑的原因，没有几个孩子到了 20 岁还会分不清左右脚。孩子 20 岁时一定会的事情和技能我从不担心，我更在意孩子 20 岁时会无法控制自己的情绪，缺乏社交力和自信。

很多家长会让孩子 1 岁上全脑课，2 岁背古诗，3 岁用认字卡认字，4 岁就报 4 个兴趣班，这些我都没有做过。小宝 5 岁时就只上一个兴趣班，我们从没有让他坐下背诗认字，但他自己特别爱学习，属于上课时眼睛亮晶晶的，全程跟着老师的那种。有一天，他突然背起了诗："《池上》，唐，白居易。小娃撑小艇，偷采白莲回。不解藏踪迹，浮萍一道开。"

我当场蒙了："什么？这首诗我怎么上到大学也不会啊，谁教你的本事啊？"小宝一脸得意："幼儿园李老师啊。"我喊来爸爸："你来听，小宝会背诗了。"小宝一本正经地又背了一遍。爸爸哈哈大笑："我怎么没听过这首诗啊，这本事长大发了。"我又喊来奶奶。一家人轮番来听孩子背诗，小宝能力感爆棚。

要重视孩子人生第一次的体验，小宝第一次认字，全家人也是一个个见证者，孩子整个学习过程都是喜悦、开心的，这是他最初对学习的感觉，学习即喜悦。

不要把孩子的努力当作理所当然，应该大声鼓励他："你又长本事啦！"这样孩子会更有动力，更有自信。

## 008

## "谢谢你帮了大忙哦！"

我们常常对外人说"谢谢"，却把家人的付出当成理所当然。要经常对家人表达感谢，看见孩子已经付出的努力，这样会让孩子更体贴和懂得感恩。

例如，妈妈在开车，两个孩子吵架，妈妈说"声音太大了，都影响妈妈专心开车了"，如果孩子继续吵，但声音变小了，妈妈要懂得不关注他们还在吵架的行为，而是欣赏他们声音变小的努力，并及时谢谢他们："谢谢你们照顾妈妈的耳朵，小声地说话。"

又如，孩子帮妈妈拎菜，妈妈回家可以对爸爸说："爸爸，你知道吗，今天浩浩帮我把两袋菜都拎上楼了，还说自己长大了，有力气能帮忙，我抱妹妹胳膊很酸痛，真是要谢谢浩浩帮了大忙。"

经常对孩子的好行为表达感谢，会让孩子感受到被看见、被重视，也会鼓励孩子做出更多的亲社会行为。

## 多对孩子表达欣赏

早上起来,宝宝很自觉地洗漱,喝了温水。喝完后,妈妈叫他吃早餐,可他一会儿说要看电视,一会儿说要玩玩具。妈妈把面盛好端到饭桌上。

妈妈说:"过来吃早餐了,妈妈吃完就得出门了。"

宝宝说:"我想妈妈喂我吃,我也要和妈妈一起去。"

妈妈本想说"我没时间,你想和我一起出门,就得自己吃",但是妈妈忍住了。

妈妈说:"可以呀,可是我也还没吃呢,那怎么办呢?"宝宝听完,自己拿过早餐。他准备吃的时候问题又来了:"妈妈你怎么给我盛了青菜?我不要吃这个青菜。"一脸的不耐烦。看到他这样子,妈妈说:"宝贝呀,妈妈听到你说不要吃青菜。为什么不吃呢?"他说:"反正我就是不要吃。"

接着,妈妈放下自己的碗,蹲下来摸着他的头说:"那已经盛好了,你不吃,你除了饿肚子,还有其他的办法吗?"宝宝就把妈妈的碗拿过来,把他碗里的青菜挑到妈妈的碗里,一边挑,一边不耐烦地说:"这么多要夹到什么时候?"妈妈还是蹲在他旁边,一句话都不说,看着他把碗里的青菜夹到她的碗里。夹到最后,妈妈说:"哇,你好棒哦!这么多青菜你都那么努力、那么坚持地夹出来了。"一下子,他的情绪就被释放出来了,端起面很快就吃完了,其间妈妈也没有催促他。

他吃完后,妈妈还表扬他:"哇!妈妈欣赏你哦!你刚才吃面的时候比之前进步了好多哦,你是怎么做到的呢?"他说:"就是大口大口地吃呀!"之后,他开心地说:"妈妈,我可以和你一起出门了吗？"妈妈说："当然了，因为你吃得那么快，没有耽误我们出门的时间，谢谢你帮了大忙哦。"

## 教孩子说"谢谢"和"晚安"

父母要经常谢谢孩子的努力，以及培养孩子致谢、说"晚安"的习惯。

经常得到父母正面管教的孩子，会展现出更多的亲社会行为。

父母总是要求孩子自己玩，不要打扰父母做事，却常常忘了感谢孩子做出的努力。"宝贝，妈妈想说谢谢你，刚才你独立拼乐高 20 分钟，让妈妈安心地完成了工作，现在是妈妈陪宝贝的时间喽。"像这样正面感谢孩子，他会越来越多地展现出合作与配合，因为被感谢会强化孩子的好行为。

同时，父母也要教会孩子正面感谢他人，培养孩子感恩的能力。比如，每晚睡前让孩子跟家人说"谢谢"和"晚安"："奶奶晚安，谢谢奶奶今天给我包饺子，我很喜欢吃。""爸爸晚安，谢谢爸爸今天带我采摘草莓，我很开心。"像这样说"晚安"，再加上感谢家人的付出以及表达自己的心情，会培养出懂得感恩、拥有强烈幸福感的孩子。

## 009

## "哇，你真是……"
（欣赏、夸奖孩子的具体话术）

楠楠刚完成一整幅拼图："妈妈，你快来看看！这是我拼的。"妈妈忙着回复信息，抬头飞快地看了一眼："不错，你接着拼。"奶奶兴致很高：**"真棒，我们的宝贝就是厉害！"** 两人都夸奖了孩子，可是孩子还是缠着妈妈，要妈妈陪他一起玩，不让妈妈工作。

真相是妈妈给的关注不够，孩子需要的不仅是认可，更需要充满爱意的关注，当家长诚心不足或心不在焉时，孩子体验到的是否定，而奶奶夸奖的"你真棒""厉害"又不够具体。

**一、停下你正在做的事情（只要不是十万火急都应该停止）**

如果妈妈手上的工作没法立即停下来，也需要马上回应孩子的需求："楠楠，妈妈回复完信息，马上来。你等我两分钟。"妈妈按时出现在孩子面前时，可以说：**"妈妈来了，谢谢你的等待。"** 孩子会越来越信任父母，学会等待。

**二、关注细节**

花时间留心他做好的事情，并给出具体的建议："哇，拼得好完整，原来是幅海洋风景图啊！"

### 三、常常主动给予关注和认同

孩子自己玩了五分钟，妈妈可以说："**哇，谢谢你宝贝！**刚刚你自己独立玩了五分钟，让妈妈安心地择完了菜。"

孩子自己吃饭了，妈妈可以说："哇，我们家宝贝自己吃了几口饭，比昨天进步了，吃饭用时也比昨天快了五分钟，你真是每天都在进步的小朋友。"

孩子想老家的奶奶了，妈妈可以（抱住孩子）说："**哇，我的宝贝长大了哟！**知道想念人，你现在是思念的情绪，怪不得奶奶那么爱你。"如果是大孩子想念去世的亲人，妈妈可以说："是不是难过了，因为特别想念奶奶？来，妈妈抱抱你。"

如果孩子在超市表现得很不错，妈妈可以说："**哇，宝贝今天遵守了超市先买后拆的规则！**你学会了如何购物。"

回到家，妈妈可以大声对爸爸说："爸爸你知道吗，今天我们宝贝去超市遵守了超市的规则哦！虽然很想打开包装袋，但是仍然耐心地等妈妈付完钱，一直等到现在还没有打开，宝贝的耐心是不是变多了？"孩子在旁边就会听得喜滋滋的。

也许孩子在购物时犯了很多错——在购物车里尖叫哭闹着要拆包装，当场就要吃零食，但父母选择看见孩子已经做到的部分，不去看孩子暂时没做到的部分，这就是高能量父母的必需技能。孩子每一次微小的进步，都值得父母用心地说一句"哇"。一句"哇"让孩子越来越努力，越努力就越优秀。使用"哇"句式来欣赏孩子，能量会超大，试试吧。

## 010

## "哇！你是怎么做到的？"

孩子常常会拿着一包糖跑过来对妈妈说"我不会打开，妈妈你帮帮我"，特别是当他很想吃又打不开时，就会特别着急地尖叫"你快帮我打开嘛"。妈妈帮孩子打开后，会发现孩子一有事就来寻求帮忙，什么都是"我不会嘛，你帮我"。妈妈有点儿焦虑，想教孩子学会独立，耐心哄着让孩子再试一下。孩子很敷衍地尝试了两下，就坚持说自己不会，妈妈再坚持"教学"，孩子就会发脾气。

其实，父母不需要担心孩子会因而变得依赖。孩子坚持要父母帮忙，很明显是他非常着急，很想立刻就吃，自己试过又发现做不到，他想到最快的解决路径就是寻求大人的帮助。父母可以温柔地说："好想吃到糖果又打不开，你很着急是不是？看看妈妈是怎么打开它的。"

父母安抚孩子的情绪，给孩子示范正确的打开方式。对于还没有掌握这项技能的孩子，现场观察是最佳的教学方式。如果父母评估孩子是有这个能力的，只是他试了两次都失败了，有挫败感，父母可以示弱。父母可以假装很用力却怎么也打不开，笨手笨脚的怎么也搭不成功积木，孩子哈哈大笑后，发现大人也有不会的事，他心里的压力得到释放，会再次对困难发起挑战。

当孩子终于成功地打开了包装袋时，父母千万不要夸奖："你真棒！你看我就说你能打开。"可以换成吃惊的表情："哇，你打开了，这很不容易，因为打开包装袋非常考验你手指的灵活性，你试了几次才打开的？"询问会让孩子进入思考，发现成功是源于多次失败后的再次坚持。

小孩子好不容易穿上袜子了，父母千万不要说："我帮你穿，你穿不好。"也不要说："你真棒，会穿袜子了。"可以说："哇，这很不容易，需要你的手和眼睛配合，眼睛要专注，手指要用力拉。最关键的是，你怎么把袜子对准脚后跟的？"小孩子需要父母明确说出他的努力和具体棒的地方，这会让孩子下次继续复制成功经验。

语言表达能力优异的大孩子，父母可以试着说："哇，考了100分，你是怎么做到的？"比起直接夸奖孩子，让孩子自己总结和运用成功经验，他下次就会更成功。夸孩子的最高境界，就是让孩子学会自夸！

## 案例一：发现孩子的小进步

毛毛不肯午睡，妈妈不勉强他，洗了个苹果给他，让他洗完手自己拿着吃。

平时他洗手都会洗湿手袖，这次妈妈没有提醒。等他洗完手过来的时候，妈妈摸了摸他的手袖，然后说："哇，今天没有洗湿手袖，你是怎么做到的？"

毛毛很开心地说："就拉好手袖，开小小的水洗的！"

妈妈："哇，看来你找到了一个不弄湿手袖的洗手办法了。你是个有办法的宝宝，真棒！"

## 案例二：婷婷会自己解决问题了

今天，妈妈带着两个孩子去吃烤鱼。

姐姐婷婷双脚用力蹬了一下桌子，整张桌子都晃了起来，一盘滚烫的烤鱼差点儿被掀翻。

这要在以前，妈妈肯定要骂人了，因为婷婷的弟弟就坐在对面，婷婷吓坏了。

但妈妈稳了两秒，双手摸着婷婷的腿，关切地问："刚才桌子晃得那么厉害，你有没有被吓到？腿有没有受伤？"

婷婷说："妈妈，对不起，我不是故意的。我就是想往后坐一坐，我腿没事。"妈妈说："只要你没事就好，妈妈吓坏了，就怕你受伤。宝贝再试一次，不蹬这张桌子，你怎么还能往后靠一靠。"婷婷用手撑着凳子往后坐了坐，妈妈说："哇，这是一个新方法。这次你是怎么做到的？"

家长们通过这样简单的引导与鼓励让孩子学会自己总结经验教训，自己思考问题，自己找到解决问题的办法，这样更有利于孩子健康成长。

## 011

## "我相信这样一来,你能成为最守时的孩子。"

之前,我们总说要多多鼓励和夸奖孩子,但正确的批评也很有必要,可是怎样才算是正确的批评呢?这也是大多数家长会犯错的地方,因为很多时候,我们的批评并不是真正的批评,而是在发泄自己的情绪:"这么简单的题都能错,你就是太粗心了!""你再打人,小心我收拾你!"或者是指责、抱怨:"妈妈都累死了,你能不能消停会儿?"真正的批评是为了帮助孩子成为更好的人。

以下是正确的批评方法。

### 以"我"开头,并且尽量简短

把"你能不能消停会儿,妈妈要累死了"换成"我想安静一会儿,拍球声让妈妈睡不着,我听到会想发火"。

把"你就知道哭,哭有什么用!你越哭,我越不会答应你,你要什么能不能好好说?你一直哭,我也不知道你要什么啊?哭是解决不了问题的，知道吗"换成"我听不懂，你安静下来，用嘴说，妈妈就能听懂了"。

用"你"开头会让孩子感觉被指责，会带来对抗，用"我"开头更多的是表达自己的感觉，让孩子了解并愿意配合。

## 只批评行为，不批评人格品质

对孩子的欣赏和夸奖，一定要上升到品质，好的品质会固化。如果是不好的行为，你也上升到品质，那不好的品质同样会被固化下来。一旦固化下来，孩子的人格就会受损。比如，孩子刷牙有点儿慢，大人就批评其品质："你怎么刷个牙那么长时间？你怎么这么拖拉啊！"那拖拉就跟着他了，不仅刷牙拖拉，吃饭也拖拉，穿衣服还拖拉。除了玩游戏不拖拉，凡是家长认为孩子该快的他都不快，你说头疼不头疼？所以，当孩子有不好的行为的时候，千万不要将行为上升到孩子的品质。

对人格品质的批评语："刷个牙也这么慢，你就是太磨蹭了！"

对行为的批评语："你一边刷牙，一边玩的做法很不可取。再不把小细菌刷出来，它们就在里面盖房子啦！"

## 建设性批评四步骤

例如，孩子看手机看到很晚，怎么叫也不上床睡觉，结果第二天去上学又迟到了。

建设性的批评做法：

步骤一：说事件，越具体越好。比如："我看到你昨晚因为看手机 10 点才睡，今早又迟到了。"

步骤二：说情绪，清晰地表达自己的情绪感受。比如："我很担心，你这样不但伤身体，也会影响上学。"或者："我有些生气，因为你答应我 9 点以前会上床睡觉，结果却没做到。"

步骤三：说期望，表明自己对孩子行为改变的期望。比如："我希望从明天开始，你每天都能在 9 点准时上床睡觉。"

步骤四：说好处，说明按照期望做的好处。比如："我相信这样一来，你就能成为老师和小朋友眼中最守时的孩子，不会再迟到了。"

完整的批评是：

"我看到你昨晚因为看手机 10 点才睡，今早又迟到了。我很担心，你这样不但伤身体，也会影响上学。我希望从明天开始，你每天都能在 9 点准时上床睡觉。我相信这样一来，你就能成为老师和小朋友眼中最守时的孩子，不会再迟到了。"

## 012

## "你是独一无二的宝贝。"

常常有家长疑惑：到底怎样才能让孩子从骨子里充满自信？在这里教给大家一个超级有威力的魔法语言，叫"睡前魔法语"。这个睡前语真的拥有神奇的魔法，它是多年前我的导师在香港学到的。自从小宝出生以后，我就在他每晚睡前都说这句魔法语，足足说了三年，效果惊人。他现在非常有安全感，他从一个路灯亮了都能被吓哭的孩子，变成了内心强大、人缘好、自信而敢于表达自己的人。

很多人会好奇，睡前魔法语有这么大的威力，是不是很难学呀？其实很简单，就是："**亲爱的宝贝，你是独一无二的，你非常重要，你有无穷大的潜力，爸爸（妈妈）永远爱你。**"父母可以在孩子睡前，温柔地抚摸孩子的后背，满怀关爱地把这句话说一遍。（试着现在就大声念一遍吧！）

在说这句话的时候，父母会感觉到身体的每个毛孔都打开了，内心变得非常柔软，有一种爱要从心里溢出来的感觉。只要用心说给孩子听，孩子全身每个细胞都会感觉到自己在被爱着。

魔法语言对多孩家庭也很适用！如果家里大宝问妈妈："妈妈爱我还是爱弟弟？"

妈妈可能会下意识地回答："两个都爱，都是妈妈的宝贝。"

大宝一定很不满意，因为他觉得他最爱妈妈，为什么妈妈不是最爱他。孩子会追问："两个都爱不行，哪个最爱，你选！"

妈妈说："我选不出来，妈妈爱你，也爱弟弟。"

大宝听了一定会闹。

妈妈可以这样说："**宝贝，你是独一无二的，就算有了弟弟，你也永远都是妈妈独一无二的大宝贝。你很重要，所以妈妈爱你，爸爸爱你，弟弟爱你。**"

妈妈看着大宝的眼睛，温柔地摸摸他的头，说出的话让孩子的心都陶醉了。

万一大宝不依："那你最爱谁？你选一个！"

妈妈可以用温柔而坚定的语气说："如果全世界所有5岁的孩子排成一排，让我选一个，我一定会选你，只选你。"试试看，这样对孩子说出你的爱，孩子的爱之杯就会被装满。

如果孩子是留守儿童或者孩子住校，父母可以录音频给孩子，让他每天听。

也有可能，当父母说了一段时间睡前魔法语后，孩子好像变得更能闹了。比如，当孩子发现妈妈最近说话很好听，反而开始更爱哭闹，更黏妈妈了。这是为什么？因为孩子在怀疑爸爸妈妈是不是真的非常爱自己。他要去验证一下，孩子变"熊"是为了释放之前积累的负面情绪，也是为了检验父母的爱是不是无条件的。在心理学中，我们把这种情况叫"螺旋式上升"。孩子的成长不是直线上升的,不是你一鼓励他,他就变好,而是变好之前先变坏,成长更像走盘山公路螺旋式上升。

当父母开始使用魔法语言后,孩子感受到爱,他就会把各种各样的"缺点"暴露出来,看父母还接不接纳他。如果父母依然无条件地接纳孩子,父母就通过了他的检验。当确认父母是真的爱他时,他就会启动下一个快速提升。这时,就像盘山公路走完了一段下坡路,就开始快速走上坡路。

所以,父母在使用睡前魔法语的过程中要有足够的耐心与爱心。相信如此坚持下去,你的孩子也可以变得勇敢、自信。

## 013

# 这是你的了不起清单

每个孩子都需要的心理营养：认可、欣赏和肯定。认可，让他学会自我认可；欣赏，让他越来越自信大方；肯定，让他在逆境时能够自我激励。很可惜的是，无数家长都是在用"你真棒""你真厉害"这些无用的语言来敷衍孩子。我们在三万多个家庭中实施"了不起的清单"，用这个办法可以补足孩子的心理营养，效果非常好。

### "我实在没办法夸他。"

我的导师曾经遇到这样一个案例，一个 16 岁青春期的孩子，拒绝跟父母沟通，把父母当作陌生人，整天把自己关在房间，很消极，还提出要休学。遇到这样的情况，显而易见孩子和父母之间的关系极其糟糕，现在只能想办法修复亲子关系。导师让孩子的妈妈写出孩子的 30 个优点，妈妈当天发信息："老师，我实在没办法，他一天就跟我说了 21 个字，我要怎么想出他的 30 个优点！"

"不是孩子不值得欣赏，是我们失去了欣赏的能力。前 16 年你把孩子教导错了，需要认错和补救。如果今天你写不出 30 个优点，不好意思，我就不接你的个案。"

导师"威胁"妈妈，妈妈心里有气，可救孩子的心更强烈。她后来真的写出了 30 个优点，写完后，妈妈泪流满面。

"早上叫孩子起床，孩子回'嗯'。毕竟他回应了，要知道有些孩子连回应都懒得回。"提醒孩子拿上早饭，孩子"砰"地关了门，头也不回。"哇，他知道锁上门，知道保护我，还怕我忘了锁门。"妈妈写出这条，笑出声，竟然连这都编得出来。

"毕竟他还在家，没有离家出走，睡在天桥下。""毕竟他还给我和他互动的机会，他说话还会喊妈妈。"叫儿子吃晚饭，他一声不吭地进房间把书包放下，出来吃饭。"毕竟他还听我的话，出来了。"

"他吃完饭，还把碗筷放到了厨房。"

……

写完孩子的 30 个优点后，妈妈特别感动，她找回了欣赏孩子的眼睛，发现之前自己错过了太多。妈妈敲门走进孩子的房间："儿子，我不管你听不听，我必须告诉你 30 件事情。"

可想而知，孩子一脸蒙。

妈妈把这 30 个优点读给孩子听，读完妈妈就回房间了。

半年后，孩子跟妈妈表达得越来越多，也会主动告诉妈妈学校里的事，妈妈说在之前想都不敢想。孩子说："妈妈，你变了好多，要是我小时候你也这样就好了。"

孩子在呼唤父母做出改变，而父母还在担心：被夸多了，孩子会飘怎么办？

请问，你知道孩子一天受到的负面评价和正面欣赏的比例是多少吗？他上学、考试、交友，每天的压力不小，而他得到的欣赏、肯定很少。越大的孩子，外界对他的要求越高，而肯定越少。他在外面受伤了，回到家妈妈还担心夸奖会让孩子飘，每天都是苦口婆心地讲道理、提要求、批评责备，孩子的价值感降低，因此想逃离父母，亲子关系变差。没有亲子关系就无法进行良好教育！

## 孩子的价值感从何而来

2岁以后，孩子在做事时，收到正面的反馈，他的价值瓶子就会打钩，打钩越多，价值感越高；如果得到的都是批评、否定、指责、训斥，他的价值瓶子就会打叉，打叉越多，价值感越低。当价值感为零时，抑郁、自杀行为就会出现。价值感对孩子是十分重要的，而认可、欣赏和肯定可以给足孩子价值感。

价值瓶

## 琪琪的了不起清单

"今天中午,宝宝饭吃得很棒,自己剥了鸡蛋慢慢吃,没有弄得到处都是,真是长大了,可以自己照顾好自己了,妈妈很开心宝宝的自理能力越来越强了。"

"晚上看电视到了时间,就自觉关掉电视机,自己整理好桌子,越来越自觉了,而且很有时间观念!说到做到,执行力超级强!"

"自己拼图自己收好,真是个爱干净、爱整洁的好宝宝。"

"今天刷牙、洗脸都是自己完成的,真的很棒,都没有叫爸爸妈妈来帮忙,越来越能干了。非常注意个人卫生,还说女生在洗漱,男生不能进来,表达能力越来越强,能很好地说出自己的观点和想法了!"

每天可以手写 1~3 条,读给孩子听,或者放在孩子的桌上让他自己看。

琪琪妈妈说,写了一个月的了不起清单,孩子变得越来越可爱,每天都说"喜欢妈妈",常常笑,也非常愿意跟家长合作。她感觉带孩子越来越轻松,孩子也越来越自信开朗,真的好幸福。

陆游有句诗:"汝果欲学诗,工夫在诗外。"教育孩子也是同样的道理,功夫在平时。孩子顽皮不听话、顶嘴叛逆时不要谈教育,而要在平时多补足认可、欣赏和肯定的心理营养,这样效果会更好。

## 了不起清单公式

> 第一种：描述好行为 + 贴上好品质
> 比如：我看到/我发现（好行为）+ 你真是（品质词）。
> 第二种：描述看到行为的感受 + 表达感谢
> 比如：你这么做我感觉（情绪词）+ 谢谢你的努力。

## 了不起清单参考话术

### 一、鼓励型找优点

"我发现你现在把字写在格子里，有些字横平竖直的，好漂亮，你真的学会写字啦。"

"我感觉好开心，看你坐直了写字的样子简直就是享受。你才上一年级就有认真写字的能力，这让妈妈看到了你的努力和毅力。我好喜欢你哦，谢谢你选我做你的妈妈。"

### 二、缺点里找优点

"我看到你这次哭五分钟就能停下来听妈妈说，我感觉你长大了，你冷静处理情绪的能力越来越好喽。"

"我看到你拿着扫把来帮忙（哪怕弄得更乱），你看像这样扫就更干净了，你真是会做家务的小能手，能帮妈妈忙喽。"

### 三、把小优点放大

"谢谢你给妈妈端水，妈妈感受到了被爱哦。你像爸爸一样会爱妈妈。你真是个会关心人的宝贝。"

"今天，有一件事让妈妈觉得很骄傲，你努力拍球到 100 个，我觉得很吃惊。这让妈妈看到你真是一个努力的孩子。"

"你把玩具收到盒子里，妈妈看到整洁的房间，心里很舒服，也很开心。你真是有家庭责任感的孩子。"

"约好 20 分钟，你到时间就关机，真是个说到做到、遵守约定的人，妈妈最欣赏你这一点。"

### 四、逆向思维找优点

"你跑步输给爸爸很难过，妈妈告诉你，你 1 岁不会走路，2 岁不会跑步，3 岁跑步还老摔倒，现在跑步又快又不会摔倒，你跟自己比进步神速哦！"

### 五、自己找优点

"那我们一起想想办法，怎么让舞蹈变得简单呢？你的这个办法很独特，妈妈都没有想到，你是怎么想到的？说说看。你看到了妈妈没有看到的细节，你的观察力也太强了吧！"

# Chapter 2

## 提升孩子的抗挫力

## "你想赢的心是很好的哦！"

我们来看这样一个场景：孩子跑不过爸爸，好多次都没有踢到球，因此噘着嘴，一脸不高兴，妈妈说"输了没关系，我们再努力就行了"，孩子还是不高兴。爸爸喊"遇到点儿困难就放弃，真是胆小鬼"，话音刚落，孩子气呼呼地冲上去拍打爸爸，一边打，一边哭。

对于这样的场景，有的大人只会跟孩子讲理，告诉他怎么做才是对的。有些大人试图安慰孩子，"输了没关系，我们不怪你，所以你不要有负面情绪，要快点儿从负面情绪里出来，去努力才是男子汉"。

孩子听了这些话情绪可能会崩溃，因为他发现自己的情绪感受说不出来，又不被父母看见。心理学发现4～8岁的孩子会进入竞争期，他们会在意输赢，喜欢自己能赢、能行的感觉，讨厌输，此时输会让他整个身心都无比难受。同时，他们想知道自己有多厉害，比多少人厉害，这是他们发现真实自我的过程。

孩子想赢怕输，代表着孩子长大了，不像3岁前对输赢无所谓，这是成长的体现。因此，父母少跟孩子说"输了没关系"，这会消解孩子天生的胜负欲。多鼓励孩子，抱着孩子说："妈妈看到你想踢到球，**你想赢的心是很好的哦**。可爸爸的腿那么长，跑得那么快，有时候你怎么都追不上他，这时候好有挫败感、很难受是不是？"

鼓励孩子赢，陪伴孩子输：孩子有情绪不讲理，先给拥抱；化解孩子的坏情绪，陪伴坏情绪过去。妈妈可以帮助孩子看到他有多努力："宝贝，妈妈看到哪怕爸爸冲在你前面，你也没放弃，一直跟着跑，妈妈看到了一个努力又有毅力的小孩子，所以你刚才也踢到了一次球，是不是？"

提醒孩子已经做好的事情、已经获得的成就，肯定孩子的努力过程，强调过程和结果同等重要，甚至更重要。

另外，引导孩子从跟别人比，到学会跟自己比：**"你知道妈妈为什么不怕你输吗？因为你一直在进步，有时候虽然跟别人比输了，但你跟自己比一直在进步哦，一直在进步就是赢。"**

妈妈安抚情绪，爸爸发起挑战："儿子，再来！"爸爸可以试着失误几次，让孩子有机可乘。赢，对于8岁前的孩子来说是可以保护其积极性，增强其自信的，毕竟父子大战，大人胜之不武，适当地让一下，更能提升孩子的抗挫力。

所以，把提升抗挫力的五句口诀记下吧：

**让他赢**："妈妈看到你很想赢，说明你很有上进心，你想赢的心是很好的哦。"

**陪他输**："我知道你现在很难受、很有挫败感，让妈妈抱抱你。"

**说努力**："妈妈看到你尝试了很多次，妈妈特别欣赏你，这么努力想把这件事做好。"

**说进步**:"你跟过去的自己比又进步了,你知道你有哪些地方进步了吗?"

**找方法**:"暂时没有成功很正常,因为这件事不容易成功。但下一次我们可以再试试别的方法呀,想想看怎样才能成功。"

## 015

## "你今天尝试了第一次上台，很勇敢哦！"

听说孩子长到 6 岁，至少能学会 1000 项技能，从一个只会吮吸、抓握，连翻身、转头都不会的小小的人儿，到能跑能跳，能说会唱，能做游戏、能下棋，会拍球、会写字，真是整个生灵界的奇迹。

奇迹的诞生是因为，每一位孩子都尝试了无数次"可怕"的第一次。

有些孩子看到父母拿过来的西蓝花，急得打翻了盘子，"可怕的西蓝花，我才不要吃"。

有些孩子看到高高的滑梯，站不稳的蹦床，哭着拽紧妈妈的手，"我要走，我要离开这里"。

亲爱的家长，试着把这些话说出口：

"哦，这是西蓝花，**你第一次见它，不知道好不好吃，尝试一下，吃蔬菜会让你长高**！尝试是为了让我们体验新感受、新东西，多尝试，会让我们增加更多经验，帮助我们更快长大！"孩子尝试过了不喜欢的话，就换个方法。比如吃其他的蔬菜，或者把蔬菜榨成汁，做成绿色的面条，或者做成蔬菜丸子。总之，妈妈不用焦虑孩子不喜欢吃某种蔬菜。

"这个滑梯有点儿高，心里有点儿害怕才抓紧妈妈的手是不是？这个蹦床站不稳，心里还没做好准备去挑战，好想让妈妈现在就带你离开是不是？可我们还一次都没尝试过呢，尝试一次蹦床，试过后如果不喜欢，我们再换其他的玩，好吗？"

"宝贝，你今天尝试了什么新食物啊？啊，尝试了吃酸萝卜，你的味觉能力又提高喽。"

"宝贝，你今天尝试了什么新事情啊？啊，尝试了说'我能跟你们一起玩吗？'，你主动交朋友的能力又提高了。"

"宝贝，你今天尝试了什么新情绪啊？啊，尝试了虽然害怕，但还是把手给护士扎针了，你的勇敢能力又提高了。"

"**宝贝，你今天尝试了第一次上台，很勇敢哦。**你学会了把紧张情绪说出来，你学会了上台前做深呼吸，你的舞台经验又增加了。"

"宝贝，妈妈今天也尝试了新情绪。我给鸵鸟喂了胡萝卜，我很害怕它会咬到我，但我还是尝试了。尝试之后发现还是很紧张，所以我准备换一个安全的方法，戴手套喂，或者喂别的动物。"

"宝贝，这个饮料妈妈尝试过了，它会让我长胖。所以尝试过才知道，不喜欢就不做了。"

长大不仅是个儿头长高，更是能力的提高。尝试会让孩子发现自己有能力，发现自己的喜好，学会选择或放弃。因为尝试过才知道，到底喜欢还是不喜欢。

## 016

## "犯点儿小错误没关系，要想办法弥补。"

在一个二孩家庭，有一天，哥哥在搭乐高，妹妹不小心碰了一下，积木倒了一地，哥哥冲着妹妹高声尖叫，妹妹被吓哭，躲进妈妈怀里。妈妈责备哥哥："你不要那么大声，吓着妹妹了。"哥哥负气躲到窗帘后。过了一会儿，兄妹俩又一起玩了。要把玩具都收起来时，哥哥手里抱着、怀里搂着，想把积木片放进盒子里。妹妹好心来帮忙，却碰掉了哥哥手里的积木。哥哥又一声尖叫，冲着妹妹大喊。妹妹再次被吓哭去找妈妈，哥哥又被训"你不要这样，这么大声，你看妹妹都被你吓哭了"。

在这个案例中，哥哥会复制妈妈对待他的方式去对待妹妹。如果妈妈对哥哥温和、宽容，哥哥对妹妹不小心"犯错"也才会温和、宽容。我们与其要求哥哥好好说话，宽容妹妹，不如身教式教育，在哥哥不小心犯错时，多给他一点宽容。

比如，哥哥把杯子放在桌沿，结果摔碎了，一地的玻璃碴，一地的水。妈妈可以试着说："**犯点儿小错误没关系，要想办法弥**

补，总结好经验，下次就不会这样了。"

第一步，想办法弥补。先让孩子穿好鞋子，不要让玻璃碴弄伤自己。接着，妈妈和孩子一起来收拾好玻璃碴，以免弄伤家里人。为了安全起见，可以由妈妈来示范怎么收拾玻璃碴，让孩子自己拿抹布擦水。做完后，谢谢孩子愿意负责，因为这样会让家里人更安全。

第二步，总结好经验。"宝贝，下一次我们怎么做才不会摔坏杯子呢？"孩子会总结好经验——把杯子往里面放，这就给孩子上了生动的一课：成长必犯错，犯错必成长。

妈妈应该给孩子更多宽容，让孩子学会弥补错误，总结经验。在温和、宽容的环境中长大的孩子，不怕犯错，也不会过度自责，而是会懂得负责，也会学习妈妈宽容的样子，拥有和谐的人际关系。

"妹妹，你帮忙扶好盒子，这样哥哥才能放好积木，我们一起合作把积木放回去吧。"

"妹妹，你不要碰哥哥的水壶。我担心会烫到你，知道了吗？"

这些时刻，妈妈会知道自己给孩子的宽容和爱，正变成他的教养，长在他的骨子里。

孩子的生活经验少，所以常会犯小错误，比如拿着一大包瓜子，又没封住口，结果撒了一地。家长很生气，觉得孩子天天找麻烦，还觉得浪费了瓜子，总会忍不住批评孩子两句。

成长必犯错，因为经验需要一点点增加。所以，当孩子撒了一大包瓜子时，看着一地的瓜子，妈妈可以怎么做？妈妈可以从电脑屏幕前抬头："儿子，看来一大包瓜子没封住口，很危险，会撒一地。有什么方法可以补救一下呢？"

孩子愣神一秒，把瓜子袋塞给爸爸，熟练地拿来自己的玩具大卡车，收拾前还问爸爸："掉地上的瓜子脏了吗？还能吃吗？"爸爸表示可以吃，孩子很开心地邀请爸爸一起收拾。

天下所有的父母，记得对犯错的孩子温柔地说："犯点儿小错误没关系，想办法弥补错误，总结好经验就好啦。"

## 017

## "你独立完成了，你做到了！"

"这个我不会，妈妈你帮我"，孩子常常求助于大人，因为他们发现自己打开零食包装袋没有妈妈快，自己画画涂色会涂到外面，不如大人涂得好，孩子不想体验到"我不行"，想跳过尝试。轻松说一句"我不会"，有些家长就会直接帮忙，这样孩子会习惯性依赖大人。有些家长直接回绝孩子"你可以的，你长大了，自己的事情自己做"，孩子会哭闹、发脾气，最后大人再妥协。慢慢地，这就变成了双方相处的模式。这样孩子累，大人更累。

我们可以换一种相处模式，鼓励孩子独立。如果这件事孩子有能力做到，妈妈说："着急打开吃是不是？那试一下像这样撕开，你看你独立打开了！**你自己就可以做到**。"

如果孩子的能力暂时达不到，看见孩子已经做到的部分，妈妈依然要鼓励他学会独立："你自己可以想办法拿到零食袋是不是？那妈妈教一下你怎么打开包装袋，下次你可以独立打开哦。"

"你竟然独立吃完了一整碗米饭，**你真的可以做到啊**。"

"妈妈看到你刚才跟乐乐玩得很开心，今天你很独立，自己去交朋友了哦。"

"今天，你自己牵老师的手走进教室，不用妈妈陪，你能独立上课啦！"

"这是你独立画的第一幅作品，叫什么名字呢？妈妈要帮你贴到作品墙上。"

"昨晚，你自己睡小房间，没想到儿子这么快就成了独立睡觉的小大人儿，妈妈为你长成大人而骄傲。"

"你独自参加了学校夏令营，感觉怎么样？"

孩子成长的过程是一边依赖，一边独立，既渴望独立，又常常想依赖。允许孩子做不到时回到父母身边歇息，再告诉他们，你看见了他的努力，他越来越独立，你相信他可以做到更好。

## 018

## "多多练习是成功的法门。"

在 10 多年的儿童情商教学工作中,我经常对孩子们说的一句话就是:"试着多练习一次,就能打开成功的大门。"我希望所有的孩子都能懂得:做不好一件事,不代表你不好,只代表你练得还太少,试着再练习一次吧。

我儿子小宝是听着这句话长大的。

以前,小小的雪花片拼不上,他就急得尖叫、跺脚。我抚摩着他的后背说:"拼不上好着急啊,是不是?试着再练习一次吧。"然后手把手地教他对准又试了一次,还是不成功。"原来大人也不是一次就成功的,再练习第二次吧。"就这样试到第三次的时候成功了,我欢呼拍掌:"儿子,我们练习了三次成功啦,果然多多练习是成功的法门。"

小宝拿着山楂袋,怎么也打不开,叫妈妈帮忙。

"哦,试了几次啊?三次了呀,妈妈教你个魔法,试第四次或第五次,成功打开山楂袋大门吧。"

他长大一点儿的时候,学校要求练习拍球,球"不听话",拍了弹不起来，或者弹得太高、太远、太近，他总也拍不好，急得喊："拍不到，拍不到！"我出现在他身后说："哎呀，淘气的篮球，拍不到好生气啊，太生气了！让妈妈试着练习一次，妈妈是个笨妈妈，眼笨，手也笨。"我一会儿拍空了，一会儿差点摔倒了，一会儿球跑远了追着去拍。小宝看了哈哈大笑，生气的情绪溜走了。

我认为关于怎么拍球，体育老师都教过，妈妈不是老师，妈妈只是妈妈，是陪伴孩子让负面情绪溜走的好妈妈，所以妈妈不需要教孩子第一步、第二步、第三步怎么做，妈妈不需要站高位展示大人的强，让小孩子更受挫。

"我怎么也拍不到，你们老师怎么教的？你教教妈妈。"小宝拿过球，充满自信："妈妈，看着！就是像我这样，你学会了吗？"

几个月后的一天，阳光明媚，小宝喊我下楼玩，他顺手拿着球，下楼一拍，竟然一口气拍了110下，我想起拍5下就急得跳脚的孩子，怎么突然就有这么大本事了。"小宝，你拍了110下，比100下还多，你是怎么做到的啊？"

小宝拿过球，边拍边讲解："就是眼睛看着它，专心地拍。""那拍10下就失败了，怎么办呢？"小宝抬眼看我："再多练习一次，你不是教过我吗？"

"哦，原来，多多练习是成功的法门！"

事实就是熟能生巧：多多练习走路，就会走得越来越稳；多多练习拿筷子，就会夹得越来越好；多多练习写字，字会写得越来越漂亮；多多练习踢球，连爸爸也抢不到孩子的球。

"试着再多练习一次，就能打开成功的大门！"妈妈们试着把这句话变成自己的口头禅,在孩子尝试失败的时候说,在孩子急躁的时候说,在孩子成功的时候说。让孩子不怕尝试,不怕失败,永远都有再试一次的勇气。

## 育儿小课堂

### 019

## "每个难题至少有三个解决办法。"

如何养育出不抱怨,还善于解决问题的高能孩子呢?

先讲一个真实的故事:睿睿刚上一年级,放学排队时,后排的男生总是踩他的脚后跟。吃晚饭时,妈妈问他跟同学相处还开心、顺利吗。睿睿就跟妈妈讲了被踩脚的事,而且不是一两次了。

妈妈听了也跟着发愁,建议孩子去告诉老师。爸爸在一旁听得来气,建议他警告对方,如果他不听可以踩回去,以牙还牙。睿睿听了什么反应都没有,继续吃饭。妈妈让他无论如何都要学会保护自己,有事爸妈帮他兜底。

过了几天,妈妈想起来,问:"男同学还踩你脚后跟吗?"

睿睿笑着说:"已经解决了。"

妈妈好奇是用妈妈和爸爸说的哪个办法解决的。

睿睿说:"用第三个办法。"原来,睿睿早就发现告诉老师没用,老师警告了一次,这位男同学消停两天又会再犯。而让他打回去的方式,他不喜欢,也做不到用暴力解决问题。

所以,睿睿用的第三个办法是,提前跟同学商量:"你喜欢踩脚后跟玩，可以的，但说好一星期只有一天可以踩！"

对方一听可以踩，非常高兴地答应了。

睿睿接着说："这一天我们就定在周日。"说完，两人哈哈大笑，因为周日不上学。妈妈也非常惊讶，孩子处理问题的办法太独特了。睿睿还跟妈妈说，其实他一直踩我是因为无聊，我答应跟他一起玩，成为朋友，他就不会总想欺负人了。

我非常喜欢孩子能用双赢的办法去解决各种人际难题，这需要父母也拥有第三种解决问题的思维。

比如，小宝吃晚饭时非要摘围兜，我提醒他："你这身帅气的衣服会被弄脏的。"

他完全没听，摘下围兜就丢掉。

果然，白色领口很快就滴了几滴汤汁。

我把碗推到他下巴那里喂，跟他说："你不穿围兜，会弄脏衣服。妈妈换个方法喂你，一滴汤都不会漏下来哦。"

孩子爱出难题，妈妈要学会换多种方法去解决。我想给小宝的教育就是，别人出了难题，但我们自己永远都有选择权。谁难受，谁改变。而不是我难受，我去改变孩子。其实孩子把衣服弄脏，他并不难受。但大人想到洗衣服就会难受，因此应该想办法改变的是大人。

吃完饭后，我带他照镜子，看到汤渍，小宝说："我的衣服脏了。"这就是让孩子体验行为与结果的关系。

我常常改变自己，而不是要求孩子改变。比如，孩子饭前洗手，经常变成玩水活动。<mark>妈妈讲道理孩子听不进去，妈妈多讲两遍，就会变得不耐烦，吼叫孩子，其实还有第三个办法，要看当时</mark>

的具体情况。

如果要出门，小宝着急把饭吃完，我会跟小宝玩"赶紧把细菌大王冲洗掉的游戏"，让孩子开心洗手，再比赛谁先走到餐桌。

如果时间不着急，但我不想让他浪费水，我会拿小盆装满水让他尽情地玩耍。我甚至会趁他玩的同时，顺手把洗手间收拾一遍，活干完，两个人再开心吃饭，非常美好。

我常会跟小宝说："你想玩水，妈妈不想浪费水，试着找到第三个办法让我们都能如愿。"

这样教导出来的孩子，拥有多元思维，解决问题的办法总会多出一个，在未来也会拥有更强应变的能力。

# Chapter 3

## 让孩子学会情绪管理

## 020

## "你今天是什么心情啊？"

大家上学时一定遇到过这样的场景：自己在答题，监考老师站在旁边看，你心理压力巨大，注意力都放在老师什么时候能识趣地走开上，结果白白浪费了五分钟的答题时间。

我有一位学生，遇到这种情况的时候就对老师说了一句话，让老师开心地走开了，他自己也不用忍受五分钟的煎熬。事后，老师还找到他爸爸，夸赞这孩子的情商高。

他说的这句话是："老师，你一直站在我旁边，我……我感觉好有压力啊。"

老师一听，完全能共情到孩子的感受，立马点点头说："好，你好好答题，老师不看了。"

青春期的孩子说话有时扎得父母的心生疼："不要你管我，烦死了！走开！"

会表达自己感受的孩子，会用一种能让父母感到舒服，又让自己达到目的的表达方式："这事我已经有主意了，妈你还一直说，我会很烦躁的。"是不是听了之后虽然很想揍孩子，但也很理解孩子的想法，会识趣地闭嘴不说了？因为孩子准确地表达了自己的感受，让你成功共情。

这种准确表达自己感受的能力，越小训练，对孩子越好，因为很多大孩子已经不习惯表达自己的感受了。

那么，要如何训练孩子的表达能力呢？父母可以每天睡前跟孩子分享自己这一天的三个特殊心情：

> "今天，我的第一个心情是喜悦。特别是早上天气特别好，我们一起踢毽子时，我感觉很喜悦、开心。"
>
> "今天，我的第二个心情是难过。中午的外卖涨价了，而且变得不好吃了。"
>
> "今天，我的第三个心情是思念。你外婆生病了，我不能在她身边照顾她。想起我小时候生病，你外婆都会照顾我，我心里有点儿难过，也很想你外婆。"

**"你呢？你今天是什么心情啊？"**

"你刚才成功拍了100下球，你现在是什么心情啊？"

"你吃了汉堡，还配了果汁，你现在是什么心情啊？"

"你好久没跟好朋友一起玩了，今天在一起玩，有什么不同的心情啊？"

"爷爷奶奶给你打视频电话，一直在笑，你猜他们见到你是什么心情啊？"

"马上要开学了，你见到老师和同学们会有什么新的心情啊？"

"小羊肖恩它们成功逃出了羊圈是什么心情啊?"

"汪汪队的狗狗们到处帮助别人解决难题,它们是什么心情啊?"

问孩子今天是什么心情,就和问他"你吃饭了吗"一样,是日常的聊天话题,时间久了孩子慢慢就懂得准确表达自己的情绪感受了,会成长为高情商的儿童。

# 021

# "是什么情绪小人跑到你身上了？"

当孩子哇哇大哭，嘴里喊着"我不要，我不要"，或者尖叫着喊"爸爸走开"时，家长常常会忍不住说教："怎么了？这样是不对的，不能乱发脾气，有话我们要好好说，知道吗？"

有经验的家长会发现，好好说话没有用，还会带给孩子更大的怒火。他会哭到歇斯底里，不仅骂人，还会摔东西、打人，一个好好的孩子变成了情绪小怪兽。

心理学上发现，不要跟 7 岁之前的孩子讲道理，因为在人的大脑里，情绪脑和理智脑不能同时工作。当孩子大哭、尖叫，喊叫着要某样东西，被人拒绝时，他的情绪化大脑就会开始工作。

智慧的家长懂得先把孩子抱离激发情绪的环境和人，对 0～3 岁的孩子可以说："我看到你哭得这么伤心，因为爸爸不同意你吃糖。但你哭得这么伤心，爸爸还是不同意，你就更伤心了，是不是？"

如果孩子已经超过 3 岁了，家长可以试着直接问他："想想看，现在是什么情绪小人跑到你身上了？"这种有趣的方式会比较容易让孩子进入思考环节。

这也是转移注意力有用的方法。如果孩子一直哭，你就问他："天上飞过的是什么？"理智脑就会开始工作，哭声就停了。

试着用"想想看，是什么情绪小人跑到你身上了"这种方式跟孩子沟通，这样可以促使孩子思考，最重要的是可以培养孩子觉察自己情绪的能力，帮助孩子培养出高情商。

## 022

## "人人都会有情绪,一会儿就过去喽。"

孩子的脸就像六月的天,说变就变,阴晴不定。上一秒还和小朋友说"我们要永远在一起",下一秒就吵着要各回各家;昨天说"再也不跟你玩了",隔天见面又是牵手一起玩的好朋友。

很多家长觉得自家的孩子不长记性,说话老是不算话,其实换一个视角看问题,这恰恰是上天送给孩子的礼物——他们的情绪来得快,走得也快。他们可以轻易原谅父母情绪失控对他们的吼叫,也会转身就忘记父母对他们的责骂。

大人忘记朋友的言语伤害要三天,甚至三年,而孩子只需要睡一觉就能恢复"出厂设置"。大人陷入情绪低谷,会花很长时间才能走出来,可孩子一转身就可以重新变得开心。我们要保护好孩子这种情绪快速转换的能力,这是孩子长大后乐观而有幸福感的基础。

所以,当弟弟(妹妹)因为生气而宣布"再也不要理哥哥了"时,家长不必太上纲上线。等两个孩子重新玩到一起,家长可以引发式提问:"所以,现在还生哥哥的气吗?对,人人都会有情绪,一会儿就过去喽。人不会一直生气，生一辈子气，你们换一个方法又可以开心地玩到一起了。"

经常在孩子从情绪里走出来后强化这种感受——"你又变得开心了，看来人人都会有情绪，生气一会儿就能过去"，被这样种下好种子的孩子，长大后就会拥有快速走出情绪且保持乐观的能力。

## 023

## "你要不要用一下冷静角?"

孩子下棋输给了爸爸,或者看到妈妈搭的积木比他搭的高,他就故意搞破坏。说他两句,他还会大喊大叫。此时,怎么劝孩子,他也不会听。教他怎么玩,告诉他比赛没有输赢,快乐更重要,可他还是很激动。

跟孩子约定好的事情,他答应了却做不到。比如,约定好看20分钟电视就要关掉,可是关了电视后,他就一直闹。大人耐心地讲道理"我们约定好了,你要说话算话,这样长大才会有人相信你",孩子完全听不进去。

心理学上的法则,是先搞定心情,再搞定事情。当孩子的需求不被满足时,家长可以蹲下来,看着孩子的眼睛,温柔地说:"我很爱你,但不能答应你,看电视时间到了就要关掉。如果你还是很生气,要不要用一下冷静角?"

孩子9岁以前在情绪剧烈时,推荐孩子使用冷静角。在情商教学工作中,我们也称之为"安全岛"。但是,很多家长却把一个让情绪变得安全的角落变成了惩罚角。

"你能不能冷静一下？！你能别闹了吗？再闹，你去冷静角冷静一下！"严肃的表情，情绪化的语言，让孩子觉得一旦自己有情绪，就要被"关"起来处理，从而更不接纳情绪。

情绪是我们身体的好朋友，当情绪像暴风雨一样控制了孩子的身体时，家长需要营造一个避风港，让孩子的情绪能顺畅地来，也能轻松地走。

使用冷静角的几个要点：

一、固定的角落，可以让孩子自己取名，比如"安全岛""开心角""情绪冷静角"等。

二、跟孩子一起布置，放一些白纸和画笔。孩子生气时可以涂写、画画，愤怒时可以乱涂乱撕。可以贴一张大大的情绪脸谱，孩子每次找到情绪小人时，情绪就会变平静。也可以放沙包、情绪绘本等供孩子渡过情绪的激流或发泄情绪。

三、全家都可以使用，在自己情绪失控时说"我要使用一下冷静角"。

四、孩子使用完冷静角，家长要表示对孩子的接纳和欢迎。"来给妈妈一个拥抱。你真好，从小就拥有处理情绪的能力。"

试着放弃跟情绪化的小孩子讲道理，而是温柔而坚定地说："妈妈很爱你，但不能答应你，你要不要用一下冷静角？"

## 024

## "你懂得分享、帮助和关心，真是快乐大富翁。"

现在的孩子大多物质条件富足，精神世界却很匮乏。他们常常不开心，抑郁症患者也越来越多，所以培养孩子的幸福感，才能让孩子赢在起跑线上。而孩子的快乐常常建立在外界的刺激上，比如"妈妈顺我心意，陪我玩，给我讲故事，我就快乐""爸爸给我买玩具，同意我玩手机，我就快乐"。如果被拒绝，孩子就感到不快乐，所有的快乐都来自外界的给予。这样的快乐太被动，也不是真正的快乐。

可以让孩子从小体验到快乐是一种能力，是能自主获得的主观感受。

当孩子给刚进家门的妈妈拿拖鞋时，妈妈可以告诉孩子："宝贝，你知道帮助妈妈了，真是个快乐的大富翁。"

当孩子给工作劳累的爸爸捶背时，爸爸可以说："宝贝，你会关心爸爸了，你真是个快乐的大富翁。"

当孩子把草莓洗干净，喂给奶奶吃时，奶奶可以说："宝贝，你会分享好吃的了，你真是个快乐的大富翁。"

当孩子做出亲社会行为时，与其夸孩子"你真棒"，不如给孩子种下好种子——"宝贝，你会分享，知道帮助和关心人了，你真是快乐的大富翁"。孩子长大后，当他帮助同事克服工作上的难题，而不是嫉妒同事的成就时，他会感受到更大的快乐；当他关心伴侣，而非抱怨时，他会有更幸福的婚姻生活。

让孩子从小就知道，快乐是自己懂得分享、帮助和关心别人时，他自然就能感受到美好的体验。

试着常常在孩子耳旁念念这句口头禅："你懂得分享、帮助和关心，真是快乐大富翁。"

## 025

## "是不是着急啦？"

孩子经常会有莽撞又冲动的行为，比如还没洗手就冲过来拿草莓吃，不高兴了拿到什么东西都直接摔。又如，妈妈关了电视，他直接冲过来边打妈妈边说"小气鬼妈妈""坏蛋妈妈"。

这些时候，家长也会控制不住情绪，直接训斥孩子："这么说没礼貌。""不可以打人！""不要摔东西！""还没洗手呢，太脏了！"

家长是良苦用心，想教导孩子养成好的行为习惯，可是直接纠正孩子的行为不会带来好的改变，只会带来对抗。孩子会发更大的脾气，小小的对抗甚至会变成亲子情绪大冲突。

这都是因为家长只看到了行为，而忽略了行为背后的情绪。心理学上认为，看见情绪，你就看到了孩子。情绪被看见，孩子就会被治愈。

没洗手就要吃草莓，是因为迫不及待，妈妈可以试着说："**是不是着急啦？**好想尝尝草莓的味道啊。妈妈给你留着，你一洗好手，就可以拿着吃啦。"

"**是不是特别生气？**因为妈妈关了电视。"

"**是不是感觉还没玩够？**今天跟好朋友玩得太开心了，我们一吃完饭，就可以再邀请朋友来玩了。"

"**是不是有点儿担心？**因为在这里一个小朋友都不认识，不知道他们是不是友好。"

经常用"是不是"开头，去确认孩子的感受，不仅可以教会孩子了解自己的情绪，还能有效地缓解孩子的负面情绪。

## 026

## "生气的时候说出来，心情就会变得愉快。"

你见过喜欢生闷气的孩子吗？我碰到很多家长很焦虑："我家孩子太喜欢怄气了，每次都躲在角落里蹲着，把自己蜷成一团。有一点儿不如意，或者被批评了，她就会躲起来生闷气。教过她很多遍了，她还是老样子，真担心她长大后会活得不开心。"

家长首先需要转变视角，孩子不是生闷气，而是在学着让自己冷静。当孩子躲起来时，注意观察他是用什么办法重新把自己变得快乐的。可能是读了一本他喜欢的绘本，或者玩了一会儿玩具，又或者他刚刚还在生气，现在拉上窗帘，再打开的时候自己就变开心了。

用孩子在学习跟自己的情绪相处的视角看问题，你会非常欣赏孩子，他们是天生的情绪管理高手。

所以，无须因为孩子而焦虑，只需要欣赏孩子的智慧。在孩子情绪转好后再帮他复盘："早上，你跟妹妹抢玩具被爸爸批评了。当时，你是什么心情啊？"

耐心听完孩子的分享，父母专注地倾听，同时带着微笑，会鼓励孩子说出更多心里话。最后帮助孩子种下一颗好种子:"宝贝,你现在把生气的情绪说出来了,心情有没有好点?是啊,如果生气的时候说出来,心情就会变得愉快。"

"妈妈发现后来你又重新变得快乐了,你跟妹妹一起玩得很开心,所以你自己躲起来用了什么神奇的方法把自己变快乐了呢?"

让孩子发现自己拥有管理情绪的能力,他就能重新让自己变得快乐。最重要的是生气时可以说出来,这样心情会变得更愉快。常常这样说,孩子会长成情绪管理的高手,不用担心他会压抑情绪生闷气。

## 027

## "你真正想说的是'我很生气',对吗?"

妈妈关了孩子正在看的电视,孩子气得冲过去打妈妈,哭喊着"坏妈妈,讨厌妈妈"。妈妈的心都要碎了,从来都舍不得打骂孩子,为什么他把妈妈当成仇人一样?好担心会养出白眼狼,于是妈妈脱口而出:"这样说话没礼貌,从哪里学来的,不许再说了!"孩子充耳不闻,继续边哭边打人。

不少家长教育孩子最残忍之处就是那么爱孩子,却一点儿也不懂孩子。爱孩子的人却不懂孩子的心理,这种爱是非常残忍的爱。

孩子还小,强烈的情绪感受会驱动他的激烈行为,特别是当他又说不清楚自己的感受时,就会用激烈的行为发泄情绪,希望引起家长的重视。

家长与其训斥孩子的行为不礼貌,不如教会孩子好好表达情绪。比如,妈妈可以说:"宝贝,你不是想说'坏妈妈',你真正想说的是'妈妈让我关电视,我很生气',对吗?"

家长说出孩子心底的感受,孩子会从狂怒的狮子变成温顺的绵羊,因为情绪被看见就会被治愈。

孩子说:"臭屁爸爸,爸爸走开。"

家长翻译:"当爸爸说'就不让你吃'时,你感觉到很难过,还很气愤,想让爸爸走开,不要再说,对吗?"

家长是孩子情绪的容器,更是孩子情绪的翻译器。学会翻译孩子的情绪,教导他好好表达情绪,孩子的情商就会变得更高。

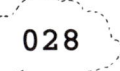

## "难受了想哭就哭,妈妈陪着你哭一会儿!"

孩子哭闹时,家长一般会有以下三种处理方式。

第一种是恐哭型:"别哭了,因为一点小事就哭,多丢人啊。"有研究表明,孩子哭闹时,大人的身体会出现不适反应。孩子哭闹15分钟以上,大人会出现心悸和心慌反应,这也很好地解释了为什么大人听到孩子哭会烦躁,想让孩子立马停止哭闹。

第二种是劝哭型:"你一直哭有什么用呢?想要什么就说出来,你不说,大人不知道,哭是解决不了问题的!"家长特别爱对哭闹中的孩子讲理,希望孩子懂得"哭没有用"。恰恰相反,哭对孩子来说不仅能释放压力,也是孩子对外求助的一种语言。俗话说,"会哭的孩子有奶喝",这就是哭带来的好处,会哭的孩子总能获得最大的生存资源。

第三种是交换型:"宝贝,乖乖的,不哭了,奶奶给你再看一集动画片。好啦,你不哭了,我就答应你。"孩子哭了,家长就妥协。这让孩子学会用哭闹作为交换条件,这是非常错误的教育方式。

在儿童情商教育中,我们推荐家长允许孩子哭,因为哭是最好的释压剂。要允许孩子哭,但也得避免错误的引导。比如,"你哭吧,使劲哭,哭完再跟你说",这不是真正的接纳,真正的允许和接纳是,"宝贝,难受了想哭是很正常的,想哭就哭一会儿吧,妈妈陪着你"。如果孩子愿意的话,妈妈可以轻轻地抱着他抚摩后背,温柔地说:"妈妈在,妈妈在这里陪着你。"这就是接纳孩子的情绪,允许孩子释放情绪,孩子的身心会更健康。

有人说"男孩应该坚强",要从小教导男孩做男子汉。坚强并非是不能哭,而是哭完之后继续前进。男孩也应该被允许哭,会哭的孩子会拥有更强的同理心和情绪感受力。

还有人说"孩子哭起来就没完没了",一点小事就能哭很久。这说明孩子积累的负面情绪太多了,需要被释放。哪怕是大人也会在生活中积累了巨大的情绪时,因为一点小事就崩溃。看着崩溃的成年人,我们不会说"一点小事至于吗",因为我们都知道,雪崩之前,已经积累了太多雪花。

不让孩子压抑太多情绪的办法就是,家长试着对孩子说:"**你难受,想哭就哭吧。想哭很正常,有我陪着你呢。**"

## 029

## "来，妈妈抱抱。"

关于给孩子抱抱这件事，一般家长会说："你不哭才让抱。"

一部分家长会说："孩子要抱就抱抱他。"

智慧的家长则会说："**每天都给孩子三大精准拥抱，随时拥抱孩子，摸摸头，紧紧抱，让孩子感觉到'妈妈好喜欢你'，孩子的安全感就会得到大幅度提升。**"

### 拥抱对孩子的好处

一、获得拥抱多的孩子，大脑发育更好；

二、拥抱能安抚孩子的情绪，增加安全感，让孩子入睡得更快；

三、拥抱会让身体产生更多催产素，让孩子感觉很快乐；

四、拥抱会让孩子长大后更有同理心，情商更高。

## 缺乏拥抱对孩子可能产生的坏处

抚摩是婴幼儿情感发展的需求，脑神经科学家丽丝·艾略特（Lise Eliot）说过，人类婴儿的情感健康与接触舒适有关。婴幼儿时期缺乏抚摩的孩子，可能会得"肌肤饥渴症"。

在19世纪末20年代初的美国，孤儿院主张"无菌养育"，护士照顾婴儿时，被规定戴口罩，不能接触婴儿，更不能抚摩婴儿。结果，婴儿们并没有远离疾病，反而出现了大量行为古怪的孩子，很多孩子甚至死亡。后来，当地一些关注孤儿院孩子的心理学家和儿童学家建议护士们拥抱、安抚婴儿，才阻止这一悲剧的延续，抚摩婴儿的养育法也慢慢得到普及。

《儿科学期刊》发现，如果妈妈产后重视跟婴儿间的肌肤接触，比如亲自哺乳、帮宝宝洗澡、换尿不湿、亲吻婴儿和对婴儿进行抚触，能使婴儿时期啼哭频率减少至少40%。因此，宝宝出生后，洗完澡第一时间要送到妈妈身边，让妈妈抚慰孩子。

## 智慧的父母每天送孩子三个精准拥抱，会让孩子的安全感爆棚

> 一、轻轻的拥抱。早上叫起床。不是催促孩子起床，威吓孩子要迟到了，或直接掀开孩子的被子，而是笑眯眯地、温柔地用爱叫醒孩子："谁家的小香香啊，快让妈妈抱一抱。"

> 二、用力的拥抱。上学分别之前,把孩子紧紧地搂在怀里说:"宝贝,我很喜欢你,你对我很重要。下午,我一定会来接你的!"
>
> 三、喜悦的拥抱。放学重逢时,给孩子一个大大的拥抱:"又抱到你了,一天不见,妈妈好想你。来,妈妈抱抱。"

只要孩子允许,家长每天都要尽可能多地拥抱孩子,一直持续到青春期前都是可以的。

12岁的孩子在学校犯错了,被老师批评了,家长见到孩子的第一时间,也请张开怀抱,对孩子说:"来,欢迎回家。"同性的父母可以给孩子一个大大的拥抱,异性的父母可以拍拍孩子的肩膀。身体的联结,是最强烈的爱意表达,让孩子每天都感受到父母对他的爱,这一点非常重要!

## 030

## "你这么快就停下来不哭了啊！"

有些父母经常觉得孩子太爱哭了，一点小事就一直哭，动不动就哭。只要大人不顺着孩子的心意，不按他的想法做，孩子说崩溃就崩溃，哭得大人心烦意乱。

相信父母一定都有过这样的焦虑：怎么能让孩子改掉爱哭的毛病呢？

其实，可以换一个视角看问题：孩子有时很难受，难受了就哭，哭过之后坏情绪就释放了，所以哭也是好事情。而且，越小的孩子解决问题的方式越单一，随着孩子自控力的增强，语言能力得到提升，孩子哭的时间会变少，会转换成跟家长用语言沟通。在孩子的语言能力缓慢提升的时候，大人应该多用惊喜的语气告诉孩子："哇，你这么快就停下来不哭了！你好棒！""哇，今天你哭的时间变短了！哭了五分钟就不哭了，好了不起！"

魔法语言更能帮助孩子发现自己的能力，使他变得更容易沟通，也更善于沟通。

## 031

## "遇到害怕的事，我有办法。"

在公园里，一个孩子想玩旁边陌生哥哥的玩具，但又不敢去要。

"你不敢去，是害怕哥哥不同意借给你，对吗？"

"是的，哥哥一定不会同意的。妈妈，你帮我去问。"

"因为害怕被拒绝，所以你提前想到让妈妈去借的方法。遇到害怕的事情，你很会想办法哦。那如果妈妈去也被拒绝了，我们的第二个办法是什么呢？"

当孩子说出自己害怕时，父母首先想到的就是鼓励孩子要勇敢："不要怕，这有什么好怕的？我相信你，你可以做到的！"这样的话其实是在透支孩子的勇气。如果孩子真的可以，他就不会向父母发出求助的信号了，父母需要做的恰恰是为孩子的勇气充值。

有一次，我带小宝去上海迪士尼玩"小熊维尼"——一个有趣的游戏。儿子坐在车里一直紧张地抓着我的胳膊，游戏结束后，他还没走出出口就大哭："妈妈，里面黑，你以后不要带我再来玩这个了！它跟海盗船长一样，我永远永远都不要再玩了！"

旁边的大哥哥打击他:"你太胆小了,这有什么好怕的?我就不怕,我很勇敢!"

小宝本来已经不哭了,此时又突然委屈地看着我。作为妈妈,我必须无条件地当孩子的同盟军。我认真地对那位大哥哥说:"阿姨跟你有不同的想法,我觉得弟弟害怕也是很勇敢的!"

"啊?你骗人!"

"阿姨觉得弟弟说出害怕也是勇敢的,因为他勇敢地说出自己害怕!而且他会长大,他现在2岁半害怕的游戏,等到他长得像你一样大时,他的害怕也会变少。你现在是不是不怕黑漆漆的小熊游戏了?"

小宝在一旁听了直点头,也许他还小,可是他能听懂妈妈在为他的勇气充值。被父母深深接纳和鼓励的孩子,长大后会给父母意想不到的惊喜。

小宝上幼儿园第一年遇到一位很严厉的老师,我非常喜欢这位老师,可小宝说老师太凶了,经常批评小朋友。"哦,当时你在旁边也会觉得害怕对吗?遇到害怕的事情,还有什么办法呢?"

后来,老师告诉我一件让我震惊的事。小宝主动跟老师说:"于老师,当你大声说小朋友的时候,我感觉到很害怕,我和小橘子都觉得害怕。"

我很意外,小时候连路灯亮了都害怕的孩子,长成了主动跟老师表达感受的男子汉。

父母要试着多接纳孩子的害怕情绪,温柔地对他说:"感觉害怕也很正常,遇到害怕,我有办法。"

089

## 032

## "妈妈听懂了。"

在商场里经常看到小孩子坐在地上哭,他们嘴里说着"要……就要……"或者"不要走,妈妈不要走"。这时候,家长一般都会一只手叉着腰,另一只手指着孩子:"不要闹了!说了不买就不买,你再闹,我们就走了!你闹也没用!"

然后,就是家长站在一旁玩手机,孩子躺在地上一直打滚哭。

父母觉得不能惯孩子的坏毛病,孩子觉得父母为什么这么不理解他,他全身都很难受,可是父母不管他。长此以往,就变成一场权力之争。父母赢了,孩子不会表达感受,会压抑自己的需求;孩子赢了,父母就是溺爱,缺乏原则的爱会让孩子失去边界感。

希望天下的父母都懂得,这种情况不是孩子在无理取闹,而是孩子的感受需要被看见。家长可以试着不断重复孩子的需求,说出孩子的需求,让孩子的需求和感受被看见,而不是纠结要不要满足孩子的需求。

"妈妈听懂了,你想去那个店里,是不是?妈妈听懂了,宝宝现在感觉很着急,想进去玩,是不是啊?妈妈听到了,里面有你觉得好玩的东西，是不是啊？"

真的很神奇，只要重复孩子的需求，也许你并不能满足他，但他的情绪会平复下来，因为人一生都在追求被理解、被看见！

就像妻子喋喋不休地指责丈夫回家太晚，从来不带孩子，不关心她，总是把钱给婆家人。丈夫解释他这样做的原因，或保证明天一定早回家，冲突都无法停止，还会愈演愈烈。

有效而神奇的做法是，丈夫说："我听懂了，你想让我早点回家，因为你一个人带两个孩子很辛苦，真的希望有人搭把手，尤其是孩子生病时，会变得更累。我知道了，你有时很难过，当我把钱给妈妈而没有告诉你时，你会觉得自己像外人。你不是不想让我给妈妈钱，而是希望我们一起商量，尽力而行，先要照顾好小家，再考虑大家。"丈夫没有急着去解释，没有摆事实、讲道理、给保证，可是妻子听完这些话后情绪一定会慢慢缓和下来。两个人会进入双赢的沟通，因为人的情绪不需要被说服，只需要被听懂、被看见。

父母们可以学习，当遇到孩子发泄情绪时，要重复他的需求，体会他的感受："**妈妈听懂了，你还想再看会儿电视，你感觉还没有看够，是不是？妈妈听懂了，宝宝感觉很难过，想让爸爸答应你，可是爸爸没有，你就一直哭。**你也觉得不好，你想停下来却停不下来，是不是？妈妈听到了，你想让妈妈帮帮你，对吗？"

不要跟孩子争对错，而是告诉孩子"**我听懂了，你的需求我听懂了，你的感受我感受到了**"。这样就可以轻松地拥有和谐的亲子关系。

## "你的嫉妒很正常。"

孩子很小就有嫉妒心,比如妈妈抱了别的孩子,孩子就会生气地推开那个小朋友,哭闹着要妈妈只抱自己。这时候,就是嫉妒情绪在发作。

上学后,老师表扬其他小朋友,其他小朋友拿到了贴纸,自己没有时,孩子会感觉心里很难受,这就是嫉妒情绪。

奶奶抱了弟弟,还夸弟弟会叫人、真乖,给弟弟买了好吃的糖,还说"哥哥要让着弟弟",哥哥感觉心里凉凉的,很想哭又很难受,这就是嫉妒情绪。

原来她是自己的好朋友,现在她跟成绩更好的人玩,不理自己了,孩子会嫉妒、难受。

"老师原来经常表扬我,还让我当课代表,现在她经常夸另外一位同学。我感觉老师没那么关注我了,我会嫉妒那位同学。"

嫉妒是一种特别正常的情绪,可不少人不接受嫉妒,觉得嫉妒的人不可爱、太小气、没格局,所以很少有人敢说出自己嫉妒别人,因为怕得不到理解,还会被批评心胸太狭窄。

从小就要让孩子知道,"嫉妒情绪是很正常的,这是每个人都会有的情绪。有嫉妒情绪可以大胆直接地说出来"。孩子能接纳嫉妒情绪,就已经很了不起了。如果孩子需要表达嫉妒情绪,可以教他用以下这个魔法公式:

事实 + 说出嫉妒情绪 + 表达意愿 + 表示理解

当嫉妒奶奶偏心弟弟时,哥哥可以说:"奶奶,你抱了弟弟没抱我,我好嫉妒。我也是你的孙子,我也很重要。如果你抱弟弟没空抱我,我可以等一等你。"当嫉妒老师关注其他同学时,孩子可以说:"老师,最近你都不让我收作业,都是喊乐乐收,我有点嫉妒乐乐可以帮助你。我也想多多帮助老师,做你的好学生。有时候,你也可以喊我帮忙的。"

孩子懂得把嫉妒说出口,或者把嫉妒的情绪转化成一种动力,就会成为心理健康又积极努力的人。

## 034

## "我们换一个新方法来解决老问题吧!"

"妈妈,我不会",孩子特别轻易就会说自己不会穿袜子、不会打开包装袋、不会自己玩,需要妈妈帮助。

父母拒绝帮助孩子,因为想培养孩子的独立性,劝说孩子:"你可以试一试。"可是孩子就是不听,一直依赖父母。

与其直接拒绝孩子,不如鼓励孩子:"打不开包装袋这个老问题,我们换一个新方法来解决吧!比如,用牙咬开或用剪刀剪开。"

"好怕他不跟咱交换玩具玩这个老问题,我们来换一个新方法解决吧!比如,问他喜欢什么玩具,或者换一个人交换玩具。"

在孩子发愁,或者遇到难题时,父母可以跳出固有思维,乐观地对孩子说:"太好了,我们换一个新方法来解决老问题吧!"

## 035

## "你值得拥有一切美好的东西。"

在春运的高铁上,乘务员推着售货推车过来,上面有草莓、香蕉等水果。

一个7岁的小女孩跟妈妈说:"我想吃草莓。"

妈妈回:"下车再买。"

女孩不同意:"为什么是下车再买?万一下车没有草莓怎么办?"

"下车会有的。"妈妈坚持。

女孩带点哭腔说:"下车就是火车站,之前没看到火车站有卖草莓的。"

妈妈有点生气:"下车了回家要什么好吃的都有,实在不行带你去超市买。"

女孩哭得更大声:"老家没有大超市,要是买不到怎么办?"

"你再哭,再哭下车也不给你买,听到没有!"

"不,我要吃草莓!我想买草莓!"

伴随着传来"啪"的一声,小女孩哭得更厉害了。

其实，很多成年人都能理解这位妈妈的窘迫，她只是觉得在车上买草莓太贵了，但是又不好意思说出口，就找各种理由搪塞孩子。

当孩子要一个标价200多元的玩具时，家长认为不划算，又不好意思说买不起，便没好气地骂孩子："你现在哭着要买，买回家又不玩，太浪费钱了。这个月买玩具的权利用完了，要等到下个月才有。你这孩子怎么这么不懂事！"

家长不给孩子买玩具事小，但打击孩子提出需求的权利，让孩子产生内在匮乏感，这样会让孩子长大后要么对物质有强烈的不安全感，总想拼命索取，比如遇到打折拼命囤纸巾和护肤品等，要么孩子会有深深的自卑感，觉得自己不应该有过多的欲望，责怪自己。

孩子有需求提出来没有错，父母觉得贵同样也没有错，我们可以坦诚地跟孩子说："你想吃草莓是没有错的，**你值得拥有一切美好的东西**。只是妈妈觉得火车上的草莓贵，不舍得买，不是你的错。"

孩子也许还会闹，但他不会有物质匮乏感。同时，父母可以抓住机会顺便培养孩子的财商。

我见过一位智慧的妈妈，她在公共场合给孩子上了一节完美的财商课。

男孩想买玩具车套装，妈妈没有拒绝，而是先查了一下网上的价格，查完告诉他："一模一样的玩具，商场里卖269元，但网上卖128元，便宜了141元，省下来的钱可以再买一辆玩具车和两个大汉堡给你吃。"

男孩不同意:"可是,我现在就想要啊。"

妈妈平静地说:"现在快递很快,江浙沪发货,明天就到了。你今天得到玩具,269元只能买一辆,而明天得到玩具,就可以得到两辆,并且还有余钱买好吃的,就看你是不是愿意为这多出的半天时间付费。"

我在旁边听了真想为这位妈妈鼓掌,生活日常就是孩子最好的课堂。此外,我们还可以这么做:

一、教会孩子为时间付费。比如:为了省时间花钱打车和为了省钱坐公交车转车,两者的优缺点;为了省时间请阿姨做饭,省出来的时间可以工作,赚更多的钱。

二、引导孩子发现同样的产品在不同地点的价格差异。比如,同一种矿泉水在小区超市和在景区的价格差异,同一盘蚝油生菜在菜场、小餐馆和五星级酒店的价格差异。告诉孩子为什么网上的玩具普遍比商场里的便宜,引导孩子了解成本、服务和需求会直接影响产品的价格。

网店没有租金成本,人工成本也比实体店更低,这就是成本影响价格。五星级酒店的环境和服务比小餐馆好,这就是服务影响价格。景区的人对水的需求更迫切,这就是需求影响价格。

三、常常跟孩子聊一聊大人买东西的考虑因素,最后在能力范围内让孩子有自主选择权:"宝贝,你是现在买贵的,还是在网上买便宜的?可以自己考虑一下做决定。"

记住，如果大人决定拒绝孩子，也记得告诉孩子："这不是你的错，你值得拥有一切美好的东西。是妈妈不舍得买，不是你的错。"

## 036

## "谢谢你照出了妈妈内心的恐惧。"

有位妈妈因为儿子腼腆、内向的性格很焦虑:"男孩胆子特别小,不管怎么跟他说,他就是不愿意主动去跟别的小朋友一起玩。"

我问这位妈妈:"那你自己呢?你在日常生活中是一个开朗外向、善于交际的人吗?"

妈妈回答:"我比较宅,而且我是学理科的,大学里学这个专业的女生少,所以我的朋友也不多。"

"那孩子的爸爸对于孩子内向是什么态度?"

妈妈回答:"他觉得没什么,3岁的孩子这样很正常。"

所以,事实是孩子没有问题,但孩子像镜子一样照出了妈妈的恐惧——妈妈内心深处,对于自己不善言辞、朋友不多的事实无法接受。妈妈虽然希望自己能改变,但很难做到,就把期待投射到孩子身上,所以显得特别焦虑。

**很多焦虑的父母,其实不是对孩子焦虑,而是孩子身上有自己内在无法接纳的部分,孩子就像一面镜子,照出了父母内在真正的恐惧。**

## 037

## "这是你的隐私哦！"

请家长们沉浸式地想象一下，当看到一个4岁的女孩在夹腿、夹小被子，玩得满头大汗，满脸潮红时，你是什么样的心情？会不会被吓到？是不是心里焦虑不已：孩子这么小的年纪居然染上了这些不好的习惯！

看到小男孩磨蹭内裤，伸手到裤子里玩身体的隐私部位时，他妈妈看到了很尴尬，就训斥孩子："那里不能摸，多不讲卫生啊。再摸你就会生病，到时候尿不出来了，要做手术！"

这些吓唬孩子的话说多了，就会造成女孩的性羞耻，长大以后性冷淡；而男孩子是越制止越来劲，提前出现手淫，专门背着家长偷偷进行。

其实遇到这种情况，家长要放轻松。孩子很正常，他们这是在进行身体探索，就跟孩子1岁的时候爱吃手是一个道理，都只是探索身体的一种体验。

家长需要拥有正确的观念。

第一，恭喜孩子长大了："宝贝，你发现了探索身体的奇妙感觉，你摸自己的时候觉得很舒服，所以就想摸一摸，是不是？"5岁以前的孩子，家长只需要在看到孩子的探索行为时，不给孩子贴标签，不必大惊小怪，不动声色地把孩子的手拿开，不生气也不焦虑。同时多带孩子做运动，让孩子释放多余的精力，尽量少让孩子觉得无聊。这样孩子的精力就会转移到其他事情上，抚摸身体的想法就会消失。

第二，给大孩子一些必要的限制：**"宝贝，这是一件很隐私的事情，我们要在一个人的时候进行。"** 父母的态度轻松，明确告知孩子有什么想了解的，可以问爸爸或妈妈，或者给孩子买儿童性教育的图书。

第三，胡萍在《善解童贞——决定孩子一生幸福的性教育》一书中，建议父母把握四个原则。

原则一，有问必答。

原则二，有问才答。

孩子提问了，家长再解答，不需要提前给孩子灌输。孩子问什么是隐私的问题，家长回答：**"隐私就是小内裤挡住的地方。"**

原则三，适时适度。

孩子问什么答什么，不必展开。比如，3岁的孩子问："妈妈，我是从哪里来的？"妈妈答："你是妈妈在子宫里养大，去医院生下来的。"不必跟孩子从父母相爱，如何受孕，如何生产讲述。不需要延伸太多，直接回答孩子的问题就可以了。

原则四，尽量减少和避免与社会大众性文化的冲突。

很多"90后"父母在互联网环境下长大，很多人都能比较坦然地接受跨性别恋，接受更多元的婚姻等婚恋形式，但不必跟孩子谈论太多，否则不利于孩子发展出适应社会大众性文化的婚恋观。

父母拥有健康的性观念，能让孩子也拥有健康的性观念，孩子长大后也更容易获得幸福。

| 阶段 | 年龄 | 敏感区域 | 行为特征 |
| --- | --- | --- | --- |
| 口唇期 | 0～1岁 | 口、唇和舌 | 婴儿通过吮吸、咀嚼和咬等动作或行动来获得快感、寻求乐趣，发展不良可能会发展为口部类型[1]的人 |
| 肛门期 | 1～3岁 | 肛门、直肠和膀胱 | 自发排便是满足性本能的主要方法，发展不良可能会变得压抑、肮脏或挥霍无度 |
| 性器期 | 3～6岁 | 生殖器 | 愉快来自性器官的刺激，冲突来源是男孩的"恋母情结"和女孩的"恋父情结"，发展不良可能导致成年期的性无能、性冷淡以及在处理人际关系方面无能为力等 |
| 潜伏期 | 6～11岁 | 无 | 性冲动转移到学习和充满活力的游戏活动中 |
| 生殖期 | 12岁以后 | 生殖器 | 性冲动被唤醒，青少年学习以社会认可的方式表达性冲动 |

注：此表格是以弗洛伊德的精神分析流派为基础的。

---

[1] 口部类型：孩子的口欲期没有得到满足，长大后嘴部的运动需求会特别多。比如，喜欢咀嚼、有烟瘾等。

# 妈妈如何才能不焦虑

当代养育环境带给妈妈巨大的焦虑感,如何缓解养育孩子的焦虑?妈妈们可以适当给自己补充以下四种心理营养。

**第一种营养**:以当下之所知所能,做出对孩子最好的选择。

**第二种营养**:对孩子来说,"温和而坚持"的妈妈就是合适的。

**第三种营养**:世上没有"非如此不可"的事。先顾孩子,还是先顾工作?是不是一定要 10 点睡觉对孩子才是最好的?是不是每天必须早读,如果中断了就会养成坏习惯?这些问题没有标准答案,却是存在于你脑中的执念,会给你带来巨大的焦虑。因为害怕自己不符合好妈妈的标准,从而变成控制欲极强的妈妈,这对孩子的伤害更大。

**第四种营养**:养孩子不是什么困难的事,若养孩子养到鸡犬不宁,那一定是走错路了。

林文采博士认为:作为父母,也要给自己补充心理营养。常常默念以上四句话,妈妈越放松,养娃才越成功。

## 039

## "不让妈妈上班？可是妈妈还挺喜欢上班的，就像你喜欢去游乐场一样。"

"妈妈，你不要去上班，你就在家陪我玩。""妈妈不上班怎么挣钱？没有钱怎么给宝宝买玩具？"

结果孩子说："我不要买玩具了，就要妈妈陪。"如果父母说上班是为了挣钱，这对孩子的情绪没有任何帮助，还会危害孩子，让他觉得很多事情都需要靠外力来推动。

当孩子不愿意让妈妈上班的时候，妈妈可以用以下魔法语言，让孩子理解工作的意义且拥有内在动力。

第一种："不让妈妈上班？可是妈妈还挺喜欢上班的，就像你喜欢去游乐场一样。"一句话让孩子明白，他怎么忍心让妈妈不去做自己喜欢的事情，毕竟他那么喜欢游乐场。

有的妈妈可能会说"我没有那么喜欢我的工作"，那可能是因为她还没有找到工作本身的意义，也可能她没有用积极正面的心态来看待自己的工作。

第二种："宝贝，你知道吗，工作带给妈妈很多好处。第一，今天是妈妈坚持上班的1589天,你出生之前,妈妈就在做这件事情了,妈妈真的很能坚持。今天再去上一天班,妈妈又多坚持了一天。"这让孩子了解工作需要坚持。

"第二,我的工作可以帮助别人。我是公司的威武前台,今天帮大家收了30个快递,一个都没有丢。"让孩子听到工作对别人的帮助。

"第三,工作可以让妈妈体验到不同的角色。我在家是你的妈妈,我去公司是同事、是员工、是领导。就好像你既是我的儿子,也是学校老师的学生,还是你同学的好朋友。"帮助他理解每个人都有很多社会角色。

"第四,工作可以让妈妈开心地赚钱,你最喜欢的消防车、卡车,还有你喜欢喝的酸奶,全是妈妈靠工作赚钱买的,所以我超级感谢我的工作,可以帮助我养一个这么可爱的孩子。

"宝贝,妈妈一口气说了四个上班的好处,你上幼儿园有什么好处?你找到了吗?今天妈妈去上班找好处,你去上幼儿园找好处。我们回来比赛,看谁找的好处多,谁就是发现大王。"

当孩子问妈妈为什么要去上班,或者妈妈上班都做些什么时,是一次对孩子很好的职业启蒙机会。当然,如果孩子只是想要妈妈的陪伴,在下班后的时间里,妈妈可以尽量多多陪伴孩子玩游戏。充足的陪伴,会让孩子感到被爱,同时也给了妈妈相对的自由。

## 040

## "打人是不可以的！"

孩子生气了会打人，害怕了会打人，难过了会打人，特别是大人拒绝孩子时，说出的话让孩子情感受到伤害时，孩子的第一反应就是打人。

对于孩子打人的行为，父母的错误做法有：隔空喊话，不能打人；贴坏标签，"打人是不对的，这样没人会喜欢你"；让孩子打回去。现在"90后"父母主张不惯着孩子，想让孩子体验被别人打的滋味，也让孩子长长记性！

其实，这些都是不可取的做法。隔空喊话，对孩子没有什么威慑力，效果为零；贴标签会让孩子更生气，火上浇油，对孩子的人格也有害；让孩子打回去会激发孩子的对抗心理，家长打孩子，更是以暴制暴。

在这里，教给父母两个步骤来处理孩子的打人问题。

第一，用动作制止。当孩子做出错误的行为时，父母站着喊不如动手制止，抓住孩子打人的手，就可以快速而有效地制止错误的行为。

**第二，蹲下来，看着孩子的眼睛告诉他："打人是不可以的！因为爸爸（妈妈）不能让家里任何人受到伤害，你不能打家里人，任何人也不能打你，这是家规。"**

坚持像这样说话，孩子如果在外面遇到打人现象，也会大声呵斥对方："打人是不可以的！"他从父母身上学到了保护自己的方法。

如果孩子觉得委屈了，他被不合理对待了，有时他就会采用错误的行为进行反抗。比如，爸爸不让孩子玩玩具，孩子就想打爸爸。这时候，妈妈可以试着说：**"你觉得委屈，对吗？因为爸爸不让你玩玩具。妈妈了解了你的感受，妈妈爱你，但打人是不可以的！"**

## 041

## "害怕是可以的。"

"妈妈,我想玩球。"

"那你去跟哥哥借球啊。"

"我不敢去。"

"那你就不要玩了,你想玩就得自己去借啊。"

孩子有些害怕,妈妈非但不帮忙,言语中还让孩子感觉到自己胆小怕事。他难过得大哭,而妈妈内心焦虑得一边训斥孩子:"怕什么?想要什么就要自己去争取!"一边担心孩子长大后会胆量太小,错失好的机会。

妈妈的这种焦虑是完全没必要的,孩子现在经历的是害怕情绪,而不是胆小人格。人可以一边害怕,一边坚持做事情。就像新手妈妈们很害怕第一次当妈妈会做不好,但不妨碍她们一边害怕,一边学习成为好妈妈。因此,害怕是完全可以的,一边害怕,一边行动,我们就是这样长成勇敢的大人的!

试着接纳孩子的害怕情绪:"你不敢去,是因为害怕哥哥会不同意借给你对吗?害怕是可以的,我们可以害怕,但同时也可以去借球哦。"

"爸爸陪我去尿尿,我害怕。"

家长把"怕什么啊!在家里有什么好怕的"换成"害怕是可以的,你能把害怕说出来就是勇敢",孩子听了后会很受用。

小宝从小就害怕各种各样的人、事、物,怕突然亮起来的路灯,怕红眼睛的摄像头,怕黑黑的厕所,怕楼上装修的电钻声,怕陌生的老师……我每次都会抱着他说:"害怕是可以的,每个人都会害怕,只是大家害怕的东西不一样而已。你能把害怕说出来,也很勇敢哦。"所以,他越长大反而越勇敢,输液扎针很疼,他都会笑着说:"一开始我很害怕,输了七次后,我发现没有很疼,就不害怕了!"

妈妈可以试着对那个刚到新环境抓紧妈妈手的小朋友说:"宝宝,咱们第一次到这个地方,你有点害怕,对不对?所以,你就站在妈妈身边,还抓着妈妈的手,用这个方法赶走你的害怕。等你观察好了,觉得攒足勇气了,你就能加入小朋友们的队伍了。"

每个人都会有害怕的时候,害怕不代表胆小。它是一种情绪,它来的时候,我们坦然接纳,"害怕是可以的",然后再送走它就好了,"说出害怕,再想想解决办法,害怕就这样悄悄走了"。

## 042

## "你想要妈妈……好的,妈妈做好菜马上就来。"

带大宝买完菜回家的路上,大宝哼哼唧唧地要妈妈抱,妈妈第一反应是"不行,你看妈妈哪儿有手抱你啊"。

回到家里,妈妈正做菜,一身油烟。大宝大喊:"妈妈,你来看我搭的积木,你快来看啊!"妈妈第一反应是:"不行,你没看到妈妈正在忙啊,你先自己玩吧。"

做好饭后,妈妈哄二宝睡觉,大宝闹着要妈妈给他拿柜子里的玩具。妈妈想都不想就拒绝:"你等一会儿,没看到妈妈在哄弟弟睡觉吗?你先玩别的。"

很快,妈妈就会得到一个爱发脾气的孩子。大人的语言很轻易就会让孩子感到不爽,可我们自己却毫无觉察。

我们来做一个换位思考的实验。假如你在洗衣服,手机闹铃响了,你喊:"儿子,妈妈手上都是泡沫,你帮妈妈拿下手机好吗?"

孩子玩着超级飞侠的玩具,头也不抬,回复你:"等一会儿,你没看到我正在忙着吗?一会儿给你拿。"

你心里有何感受?

但如果孩子回复你:"好的,妈妈我听到了,等我两分钟,我拼好后给你拿哦。"

你的心里是不是好受多了?所以,当孩子有需要的时候,如果我们不能立马满足,可以先做到立马回应。

把"不行,你没看到妈妈正在忙吗"换成"你想要妈妈看你搭积木啊,好的,妈妈做好菜马上就来看"。

把"妈妈哪儿有手抱你啊"换成"你想要妈妈抱你是不是?可以的,等妈妈到家把菜放进冰箱就来抱你"。

把"等一会儿给你拿"换成"你想要妈妈帮你拿,这是你想的第一个办法,可以的,等妈妈想办法把弟弟哄睡着就来帮你。现在,你还有第二个方法可以更快拿到玩具吗"。

试着立马回应孩子的需求,哪怕你不能第一时间满足孩子,得到父母第一时间回应的孩子也会给家长更多的耐心哦。

## 043

## "原来大冬天穿裙子真的不是个好主意啊!"

换季了,孩子非要乱穿衣服,都冬天了还非要穿裙子,大夏天却要穿三层厚的汉服,家长怎么劝都不听。

此时,家长一般有两种做法。第一种做法,是听孩子的,但后果自负:"你非要穿,可以,但出门要是热了别找我。如果你能做到你就穿!"

这是有条件的爱,就是"你如果不听我的,出了问题也别来找我"。这就像女儿不听妈妈的建议,非要选择自己看中的结婚对象,婚后闹矛盾、受委屈了,想找妈妈却不敢找,因为害怕接受妈妈的无情对待。这种有条件的爱,我们对孩子要慎用。

第二种做法,是听孩子的,但出现了意料之中的后果时就奚落孩子。孩子冬天穿的衣服很少,刚出门就被冷得发抖,孩子说:"太冷了,我要回家。"

很多家长心疼孩子,同时很难忍住说教欲,训斥道:"我都跟你说了,什么天气穿什么衣服,你不听非得按自己的来,下次可不能这样了。"

家长可以让孩子自己做选择,因为这样可以增加孩子的生活经验。只要不是危害到生命的选择,都把选择的自主权交给孩子,同时充当孩子的支持者。

天冷的时候允许孩子穿裙子,同时出门时家长带上厚的衣物。在孩子感觉到冷的时候,家长可以说:"**还好我带着裤子呢,我们来换上吧。**""**原来大冬天穿裙子真的不是个好主意啊。**"这样带着支持的语气,让孩子增加了生活经验的同时还感受到了妈妈温暖的爱。

又如,孩子非要在地上洒水玩。家长劝说无果,结果他自己不小心踩水滑倒了。有爱的家长一定不能借题发挥,去奚落孩子:"你看吧,摔疼了吧?下次别洒水,知道了吗?"

家长可以试着说:"**摔疼了吧?来,我抱抱。看来在地上洒水玩会让人摔倒,真的不是个好主意。**"

不带有敌意的温暖教导,孩子会更容易听到心里去。

## 044

## "宝贝,你的手给妈妈看一下,疼不疼? 妈妈好心疼。"

有的孩子有吃手的习惯,把指甲咬得坑坑洼洼的,有人说给孩子涂苦甲水,这是治标不治本的方法,因为孩子吃手背后往往代表孩子有焦虑情绪未消解。当妈妈感到焦虑时,会有对很多方面的忧虑。比如,焦虑生活的重重难关该怎么过,焦虑夫妻之间越来越冷淡的关系该怎么维系,焦虑家庭经济捉襟见肘怎么过活,焦虑自己到底该努力工作追求自我价值还是该全身心地照顾孩子,焦虑孩子的各种偏差行为该如何纠正……妈妈一陷入焦虑,孩子就会无条件地接收父母的焦虑,开始出现吃手、啃指甲、入睡困难等行为。家长看到孩子的不良行为,更焦虑地唠叨、说教:"太脏!不要吃手,跟你说过多少遍了,你怎么就记不住呢?再这样,我打你手了!"

真正治本的方法是父母看到自己的焦虑,放下焦虑,同时接纳孩子吃手的行为,并找到更好的方法来帮助孩子改掉不好的习惯。不知道该怎么办的父母可以使用以下三句魔法语言。

第一句:"宝贝,你的手给我看一下,这小手指都咬破皮了,疼不疼?我好心疼。"

要让孩子感觉到父母是心疼他的,他才会愿意做一些改变,更疼惜自己的身体。

第二句:"宝贝,我知道你有时候忍不住,对不对?如果实在想咬,我们可不可以只咬一边,你来选,好吗?"

给孩子明确一个目标,允许咬一边,孩子会更容易接受,也比较有信心做到。不要直接命令孩子不许吃手,这样孩子做不到会变得焦虑,焦虑又会继续吃手,成为恶性循环。

第三句:"宝贝,你跟我约定好只咬一边,你能说到做到,真是个遵守约定的孩子,你学会更好地照顾自己了。""宝贝,我发现你的小手都长新皮了,好漂亮。"如果孩子感受到了不吃手的好处,会更容易进步。

2岁以下的孩子出现吃手现象不用焦虑,这是孩子在进行身体探索。他在探索咬其他玩具和咬手的区别,这样他会发现手、脚都是他身体的一部分,家长可以帮孩子把手、脚洗干净,让孩子多咬。孩子口欲期咬玩具,家长也不要阻止,而是把玩具消毒、洗干净,让孩子尽兴咬,慢慢地探索。等大一点了,孩子咬东西的行为就会减少。

如果孩子过了2岁还非常爱吃手,可以这样做:第一,要排除家长有焦虑情绪,家长要减少因为焦虑对孩子讲道理、说教的行为;第二,看到孩子吃手不要批评、否定他,最简单的办法是给孩子递一个玩具,他会用手接过来玩,这样吃手问题就解决了。

## 045

## "宝贝，你想吃糖果啊，你说得真清楚……"

小孩子想吃零食，妈妈试图说服："吃太多糖会长蛀牙。""我不怕蛀牙，我只吃一点点，我会刷牙的。"妈妈又心生一计："马上就要吃饭了，吃多了零食会吃不下饭！""我可以吃下的，我现在就要吃零食。"妈妈气得想揍孩子。

大孩子想买名牌鞋子，妈妈一听就反对："家里都多少双鞋子了，没必要买。你怎么这么浪费？一点都不懂得心疼父母赚钱的不容易。"

孩子会进入复读机模式："我就要！不行，我就得要，就要！"

其实，父母面对孩子的无理需求时，太快拒绝孩子会让孩子进入情绪脑模式。一听到"不行"，孩子就会爆炸，把父母讲的道理全都屏蔽掉。作为父母，首先应该平静下来，引导孩子理智脑的启动，用孩子自己的理智脑来控制情绪化的反应。

如何启动理智脑呢？

第一步：重复。"宝贝，你想买鞋子啊。"重复孩子的话特别重要，如果妈妈重复这句话，孩子就会感受到妈妈听明白他的话了，她知道了他的这个需求。如果妈妈不重复需求，直接开始训导孩子，再有道理也会沟通失败。

第二步：认同。"**这双鞋子的颜色挺好看的，宝贝你现在想要什么都会主动说，这样很好。**"认同孩子有什么作用呢？会让孩子进一步感受到"爸爸（妈妈）理解我"，一旦孩子觉得自己被理解了，情绪就会缓和很多，不会进入屏蔽父母的沟通模式，更不会撒泼、耍赖。

第三步：让孩子自己思考。"**宝贝，你想要这双鞋子，你能跟我说说为什么吗？请说出三个理由，你要是能把我说服，咱们就买。**"

引导孩子自己思考，把主动权交给他。有的孩子会说，"我想不出来"，父母可以说："没事，宝贝儿。你要是现在想不出来，咱们就先走。什么时候你想出来了，你要能把我说服了，咱们再回来买。"一场亲子冲突就在无形中化解了。

如果孩子讲的理由特别充分，父母可以启发他继续思考："宝贝，那你跟我说说，这个理由成立吗？为什么成立？"

跟孩子真诚地进行讨论，同时父母一定要做好思想准备。也就是说，有时候孩子的理由是能够说服父母的。"你说得很有道理，那就买"，这会让孩子感受到跟父母沟通是积极而有效的，青春期才不会出现拒绝跟父母沟通的情况。

使用以下三步同样可以解决小孩子任性、提要求等问题。

第一步："**宝贝，你想要吃糖果啊，你说得真清楚，你长大了，想要什么都会主动说出来，真好！**"鼓励孩子学会用语言沟通的方式来表达需求。

第二步："我发现你长大了，小时候要什么都是哭，现在要什么都是说出来。说话比哭管用，因为我能听懂。"认同孩子，让孩子知道跟父母直接沟通比哭闹更管用。

第三步："马上要吃饭了，你要吃糖果，请说出三个想吃的理由。"

以上步骤很多家长都实践过，效果非常好，既能鼓励孩子好好跟父母沟通，又让孩子学会了独立思考。

分享一个真实案例。

今天上午，妈妈想带六六下楼玩耍，可是六六不想下去。

妈妈说："那你可以给妈妈说出两个你不想下楼的理由吗？如果能说服妈妈，咱们就不下楼。"

六六："一个是咱们家楼层太高，每次我玩完都太累了，没力气爬楼梯回家了。一个是小朋友都去学校了，没有小朋友一起玩。"妈妈听完孩子的这两个理由，感觉说得挺充分的，就答应他不下楼。后来，他们在家里玩起了小汽车和羽毛球。真是一次愉快的沟通。

## 046

## "幸运的是……"

妈妈开车送阿诺去上兴趣班,因为担心迟到,妈妈车开得飞快,结果追尾了。妈妈着急上火,本来时间就紧迫,现在肯定要迟到了,妈妈想下车去找对方车主理论。阿诺在后座慢悠悠地说:"妈妈,太好了。"

"好啥好?"

"妈妈,全世界那么多人,偏偏就你俩遇上了,是车祸,也是缘分。幸运的是,不是很坏的缘分,我们都没有受伤。"

妈妈瞬间忘记了生气,只觉得儿子的心态真好,真乐观!于是心平气和地下车,顺利地处理完一切事宜。如果带着生气的情绪去处理,肯定会更生气。而心平气和地处理,却能收获一天的好心情。最让妈妈欣慰的是,儿子的心态比大人乐观。

"妈妈,你忘了,这是你教我的啊。"

妈妈瞬间想起了很多画面:

妈妈站在门口才发现没带钥匙,家里也没人,可妈妈一脸轻松地说:"幸运的是还可以打车去爸爸单位拿钥匙。"可她翻遍口袋,发现手机也没带。阿诺有点儿累："妈妈，我们不能回家了吗？"妈妈很想叹气，也很无奈，她蹲下来："宝贝，妈妈要告诉你一件幸运的事，幸好我们可以去小柠檬家借电话，小区里有朋友真是太好了。"

阿诺被妈妈的语气感染到，非常开心地去朋友家一边玩，一边等妈妈拿回钥匙。

飞机晚点了，妈妈说："幸运的是，只晚了三个小时，上了飞机刚好可以睡觉。现在多出来的时间，我们可以玩组词游戏。"

打碎了杯子，妈妈说："站好别动，幸运的是没有划伤你。穿好拖鞋，我们一起清理吧。"

乐观的父母培养出乐观的孩子，希望孩子乐观、自信，就试着多看到生活中坏事里比较好的那一面吧！

### 047

## "就算爸妈离婚了，你依然是我们的孩子，我们永远不会抛弃你。"

### 要不要离婚

离婚并不是解决问题的唯一方法。有人轻易就离婚了，心想"过不下去了，那我就离吧"。其实，离婚要付出的代价很大，离婚会给一个人的生活带来很大的变动，包括社交、情感、人际关系等各个方面，所以请大家慎重对待自己的婚姻。不要一言不合就离婚，不要把离婚看成解决问题的首选方案。不过，非常糟糕的婚姻对孩子造成的伤害其实要大过离婚带来的伤害。

### 离婚是为了幸福

你相信自己离婚之后会比现在活得更快乐吗？你离婚是为了追求更好的生活、更快乐的人生吗？

如果你的回答是肯定的，才可以考虑离婚。

离婚之后养育孩子的人，不管是爸爸还是妈妈，如果有能力把自己的生活经营好，孩子就会因此得到很多的力量，他就会觉得："原来父母离婚也不是多大的事。"

离婚以后不要说前配偶的坏话，说前配偶的坏话是婚姻里的大忌。这会在孩子心里造成极大的撕裂感，其实孩子心里并不愿意怪罪自己的爸爸或妈妈。

"我妈妈一直告诉我不要跟爸爸在一起，不要去看他、去管他，他是很糟糕的人。"让孩子相信自己的父母是坏人，这给孩子带来的伤害比离婚的伤害要大得多。

## 如何降低离婚对孩子的影响

爸爸妈妈离婚了，需要明确地告诉孩子三件事。

第一件事，离婚是爸爸妈妈两个人的事情，爸爸妈妈有他们解决不了的问题，但是即使爸爸妈妈离婚了，孩子依然是爸爸妈妈的孩子，爸爸妈妈永远不会抛弃他。

第二件事，爸爸妈妈离婚跟孩子一点关系都没有。

第三件事，孩子在这件事情上对爸爸妈妈最大的帮助就是照顾好自己。

离异家庭的爸爸妈妈可以用下面的魔法语言尝试跟孩子沟通，安抚孩子的情绪。

第一句："你是爸爸妈妈爱的结晶。"

"本来我跟你爸爸（妈妈）就是两个陌生人，但是在某个时候，我们认识了，然后相爱了。因为爱的缘故我们决定结婚，成为夫妻，也因为爱我们生下了你，这一切都是因为爱。但是现在，因为我跟你爸爸（妈妈）之间有一些问题没有办法解决，我们尝试用各种方法解决，但一些坎儿我们就是过不去，我们都很痛苦。我们痛苦，也给你带来了痛苦，所以我们决定离婚。你是我们的孩子，你永远是爸爸的孩子，也永远是妈妈的孩子，你跟我们有血缘关系，不会因为我们离婚，你就没有了爸爸或者没有了妈妈。你还是爸爸妈妈的孩子，这是永远都不会改变的事实。"

第二句："我们离婚与你无关。"

"爸爸妈妈要离婚，是我们两个人有事情解决不了，跟你一点关系都没有。就算你听到我们在说你，也跟你一点关系都没有。爸爸妈妈走到这一步不是你的错，你也不需要做什么，你不要觉得我们离婚是你的错，想着如果自己乖一点，考试成绩好一点，爸爸妈妈就不会离婚了。不要这样想，我们离婚最重要的原因就是我们两个人没有办法处理我们之间的问题，跟你一点关系都没有。所以孩子，你千万不要因为爸爸妈妈离婚而感到内疚。"

第三句："照顾好自己是给爸爸妈妈最好的礼物。"

孩子在爸爸妈妈离婚这件事情上对爸爸妈妈最大的帮助就是照顾好自己。所有的孩子都很想知道，自己作为一个孩子能帮爸爸妈妈做些什么。爸爸妈妈因为离婚很不开心，孩子就想，要是自己能做点什么，也许他们会快乐起来。

这时，爸爸妈妈可以这样告诉孩子："孩子，假如你真的想在这件事情上帮忙的话，你能够帮我做的最好的一件事情就是把你自己照顾好，按时上学，做好功课……如果你能这样做的话，就是对爸爸（妈妈）最大的帮助了。我就不会那么内疚，觉得是不是因为我离婚害得你功课不好……爸爸（妈妈）最难过的是离婚会对你造成伤害。但爸爸（妈妈）现在看到，虽然爸妈离婚了，但你的行为、品格、功课等各方面还都很好，自己能照顾自己，这让爸爸（妈妈）感到很安慰，也很踏实。你这样做，就是对爸爸（妈妈）最大的帮助，是给爸爸（妈妈）最好的礼物。"

## 048

# "爱你四首歌"案例

## 案例一：孩子不想上学了

有一天早上，快送小宝上学出门时，小宝突然说："妈妈，我不想上学。"遇到这种情况，大部分家长的第一反应就是问："为什么不想去？"这很容易让孩子开始瞎想各种理由。这就像是老婆对老公说："我累死了，不想去上班！"老公问："为什么啊？"老婆开始想理由，就会打断原先的情绪。心理学上鼓励家长不要直接问为什么，而是先积极倾听。

当时，我立马蹲下来认真地对小宝说："宝贝，谢谢你主动告诉妈妈你的想法，听上去你有点儿不开心，你愿不愿意多说一点儿，看看妈妈能不能帮到你？"

邀请孩子而非要求孩子，这样孩子会更容易打开话匣子。当他有了倾诉欲，你就会了解到孩子更多的心声。

小宝说："妈妈，我想喝这瓶饮料。但是拿去学校，老师会批评我的。"

此时，家长不可以跟孩子讲道理，或者自以为是地给孩子出主意："那我们就把饮料留在家，放学了再喝。"孩子很可能不情愿，家长就拼命地说服，孩子越来越生气，这就变成了亲子冲突。

我温柔地看着小宝："你担心被老师批评，是吗？你知道吗，不管老师批不批评你，不管在学校发生了什么事情，你都是我的孩子，妈妈都爱你。"一句话，就能让孩子有安全感。感受到被爱的孩子，不会陷在情绪里，更有能量解决问题。

等了一会儿，我看到小宝僵在那里不动，就说："时间快来不及了，那怎么办？"

我看到他抬起头："有办法了，妈妈你开车带着我，我在路上喝。到了校门口的时候，你再帮我把它带回家。我放学了，再接着喝。"

"哇，你怎么能想到这样的办法啊？宝贝，妈妈好欣赏你！你这么快就想到一个办法，既能满足自己的需求，又能让老师不操心，也不违反校规。妈妈真的好欣赏你啊！"

一番话说得小宝心里喜滋滋的，不想上学的问题就这样被轻松地解决了。

以下是上万组家庭实践过的非常有爱、有效的"爱你四首歌"，当孩子出现情绪问题时，家长不用讲道理，不吼不叫，就能解决难题。"爱你四首歌"包含四个"你"。

第一个："谢谢你，宝贝，谢谢你主动说出你的心里话。"孩子说得越多，越有助于解决问题。

第二个："我爱你，不管发生什么事，爸爸（妈妈）永远爱你。"被爱的孩子更有能量解决问题。

第三个："怎么才能帮到你？"把问题还给孩子"那怎么办

呢？遇到这个问题有什么办法可以帮到你呢"，相信难题是来帮孩子提升解决问题的能力的。

第四个："**好欣赏你。**"找到孩子努力进步的一面，欣赏孩子，让孩子变得更自信。

## 案例二：孩子怕老师

当孩子说自己怕老师，不想上学时，家长就可以套用"爱你四首歌"。

"宝贝，谢谢你主动告诉妈妈学校里发生的事。你愿不愿意说得多一点，妈妈很想听。"

"老师很凶，做错事会批评人。"（这里一定要认真倾听，引导孩子说得足够多。）

"宝贝，你知道吗，不管老师有没有批评你，不管在学校发生了什么事，回到家你永远都是我的孩子，妈妈会一直爱你。"

"妈妈，我不想上学，我要跟妈妈在一起。"

"宝贝，是不是被老师批评了很难过？但是，你这么难过还能坚持上完一天的课，你有点勇敢哦。而且，被批评了，回家后还愿意主动跟妈妈说，妈妈听完都有点欣赏你了。"

"我还是不想去，老师万一再批评我怎么办？"

"是啊，那怎么办呢？下次怎么做才不会被老师批评呢？"

"爱你四首歌"会让孩子强烈地感受到父母的爱，同时让孩子独立思考，学会想办法。让孩子把每一块丢过来的绊脚石都变成垫脚石，孩子的情商会越来越高。

### 案例三：孩子要带玩具去幼儿园

早上，笑笑上幼儿园的时候，一直想带一个玩具去幼儿园。她一直催着妈妈快点走，说她要当第一个去教室的人，这样老师就不检查口袋了。

妈妈说："你观察得这么仔细啊，你是怎么知道这样老师就不检查口袋的？"

笑笑说："我昨天是第一个去的，老师就没有检查口袋。"

妈妈说："哇，你的观察力太强了！当了一次第一名，你就观察到老师不检查口袋了。"

出门的时候，她带上了那个玩具。

妈妈说："我好欣赏你哟，你知道带玩具去老师会不开心，你很顾念别人的感受。咱们能不能想个办法既能照顾到老师的心情，又能满足你的心愿呢？"

笑笑说："妈妈你快点开车，我要第一个到幼儿园。"

妈妈说："我会在保证安全的情况下尽量快点儿。"

到了幼儿园门口，笑笑问："我是第一名吗？"

妈妈说："因为我们今天早上在家吃饭了，你不可能是第一名了。宝贝，不管你是不是第一名，到幼儿园带不带玩具，妈妈都爱你。"然后抱了一下她。

进了幼儿园，到了晨检老师跟前，笑笑很坚定地说："妈妈，把我口袋里的东西拿出来吧。"妈妈把那个玩具拿出来，问："然后呢？"

笑笑说："你把它带回去吧。"然后自己就走到老师跟前做晨检了。

妈妈当时感觉太不可思议了，跟孩子挥手说："哇，不管老师检不检查，你都是个遵守校规，有原则、有纪律的小朋友，妈妈好欣赏你啊！"

## 案例四：孩子把幼儿园的玩具带回了家

孩子喜欢把幼儿园的玩具、物品拿回家，家长担心孩子养成偷拿东西的坏习惯，这时候可以试试"爱你四首歌"。

昨天，给小宝洗衣服时，我发现他口袋里装了一些女孩子喜欢的亮闪闪的"宝石"。

我问他："这些'宝石'从哪里来的呀？"

小宝说："从学校拿回来的。"

我说："你从学校带回来干吗呀？"

小宝说："送给妈妈，妈妈喜欢。"

我说："哇，宝贝你可真会观察，知道妈妈喜欢亮闪闪的东西，想送给妈妈，妈妈觉得心里真是暖暖的。谢谢你哦。但这些宝石是属于学校的呀。"

小宝说："是！不能拿别人的东西。"

我说："那怎么办呢？"

小宝说："妈妈，我送给你看看，我们再还回去。"

我说："哇！宝贝，你想到了新办法，既能满足自己想送礼物给妈妈的心愿，又能让妈妈大饱眼福看到喜欢的宝石，还能遵守规则不拿不属于自己的东西。"

小宝嘿嘿地笑了。

我又问："下次还想送妈妈礼物该怎么办呢？"

小宝说:"我用眼睛咔嚓咔嚓拍下来放给妈妈看。"

我说:"我的宝贝真会想办法,你这么遵守规则,老师和小朋友们都会很喜欢你的。"

## 案例五:孩子在幼儿园做错事后

一天去接小宝,老师说:"他今天画画的时候拿笔去画小朋友的脸,画到眼睛下面,差一点就戳到小朋友的眼睛了。太危险了,我批评他了,他还笑着不认错。这个行为是不对的,你们做家长的一定要回去跟他说这件事情。"

接孩子回家后,我跟他说:"小宝,今天你们老师说你这学期进步很大(老师的确说过),说你吃饭比以前快很多,睡觉也很好。不管是画画还是做游戏,你都能好好配合老师。上了一学期幼儿园果然是不一样,学到了很多新本领。"

小宝:"妈妈,我们今天画画了,画蝴蝶。那支笔画不出来,我又换了一支。"

我:"嗯,画了蝴蝶呀?好想看一看呢。"

小宝:"是黑色的。"

我:"哇,好羡慕你能去幼儿园,学到那么多本领,太厉害了!宝贝,老师说我们还有一点需要再进步的哦,她今天看到你用笔去画别的小朋友的脸了。"

小宝:"嗯,差一点画到眼睛上,梁老师说了我好长时间。"

我:"你为什么要画小朋友的脸呢?"

小宝:"因为我想呀,我想给柠檬画一条毛毛虫。"

我:"哦,你想送一条毛毛虫给柠檬吗?"

小宝:"是呀!"

我:"那梁老师有没有生气?柠檬呢?"

小宝:"没有呀,柠檬还笑了。"

我:"哦,这样啊,妈妈觉得这样很危险,梁老师也很担心你这样会戳到柠檬的眼睛。"

小宝:"不会呀,我没戳到他的眼睛。柠檬的眼睛很漂亮。"

我:"漂亮的眼睛要保护好哦。下次你想送毛毛虫给柠檬要怎么办呢?"

小宝:"可以画在手上。"

我:"这个方法不错,妈妈觉得还可以画到纸上送给他,你觉得呢?也许他收到后还会跟你说一声'谢谢'呢。"

小宝:"好吧妈妈,我以后会小心的。"

我:"妈妈相信你一定会保护好自己,也会保护好你的好朋友的。还有,不管发生什么事情,妈妈都爱你。"

"爱你四首歌"简单有效,家长们多多尝试,会有意想不到的惊喜哦。

## 育儿小课堂

### 049

# 情绪管理案例

### 🎵 案例一：爱看平板的壮壮

到了规定的时间，妈妈关掉平板，壮壮就开始哭闹。

"嗯，时间太短了，你感觉没看够，很失望，是不是？"（把壮壮抱在怀里，多次安抚情绪，告诉壮壮，妈妈在。）

"妈妈，我再看一集，求求你，再看一集。"

"你猜猜看，为什么不行？"

壮壮说出理由。

"哇，你可真会思考，妈妈也是这么想的。我们约定好了，妈妈想跟你一起遵守约定。现在，我们可以想一下是玩乐高还是读绘本呢？"

壮壮说想听故事。

"好的，我们讲故事。"

有时，孩子做出好的行为，家长要学会抓住机会种下好种子。

"妈妈发现你说到做到，你是个言而有信的人！到时间就关平板，了不起的自控力！"

父母常常直接拒绝孩子，"不行""不可以"，一句话就能让孩子"爆炸"。父母一拒绝，孩子就哭闹，是因为孩子觉得没有掌控感，感觉自己被父母控制了。他用哭闹、发脾气来反抗，问题变得难以解决，因为孩子的情绪脑在工作，只会用情绪来应对问题。智慧的父母懂得激活孩子的理智脑，让孩子开始思考，理智脑就会被启动。

2岁的孩子哭着要捡地上的东西吃，妈妈的手指向远处："宝宝，那是什么？"孩子扭头看，开始思考，哭声停止。我们管这叫"转移注意力"，其实这样做有用的原因是孩子开始思考那是什么。

前文说到过理智脑和情绪脑是不能同时工作的，当理智脑占上风时，情绪就趋于稳定，反之也是一样。

当跟孩子约定好看平板的时长，孩子在非规定的时间哭闹要看时，家长可以激活他的理智脑，说"你猜猜为什么不行"比"不行，我们约定好了周末才能看"效果好10倍，因为后者激活的是孩子的情绪脑，孩子更会大喊大叫，从生气到愤怒，情绪升级。

爸爸（妈妈）平静地说："今天是周几？你猜猜为什么不行？"

"因为周末是早上看工程车，周一是放学了看。"

"哇！你说得非常准确，我们做好了约定，妈妈想跟你一起遵守。那现在我们下一件事做什么？"继续让孩子思考，把掌控权交还给孩子。

## 案例二：说话更容易得到自己想要的

有一天，小宝拿着电蚊拍玩，爸爸直接抢走："危险，这个东西不能玩！"小宝开始哭着跳脚："我要，我要！"并拿手拍打爸爸，爸爸训斥他："不许打人，你再这样，我生气了！"小宝向我求救，我张开怀抱："小宝哭得好伤心，来，妈妈抱抱。能告诉妈妈你想要什么吗？如果妈妈听懂了，能帮到你哦。"

"我要玩拍子，我还想玩。"

"哇！说得真清楚，原来你想玩电蚊拍啊。那咱们跟爸爸说：'可以给我玩吗？我会和妈妈一起安全地玩，爸爸别担心。'"小宝顺利地拿到了电蚊拍，跟我开心地玩了一会儿。我问："宝贝，妈妈发现了一个秘密，你是哭着拿到的电蚊拍，还是跟爸爸说着拿到的？你能猜猜为什么哭拿不到吗？因为爸爸听不懂。但是你说话，爸爸就能听懂，所以妈妈发现说话比哭管用！下次我们想要东西，是用哭的还是用说话啊？"

"用说话。"

"恭喜你也发现了这个天大的秘密，我们说话会更容易得到自己想要的！"

如果孩子还是一直哭，表示"我就要"，父母拒绝孩子，他一定很难受，难受的情绪需要释放。哭是释放情绪的绝佳方法，父母一定要允许孩子哭，并温柔地陪伴：**"宝贝，不能玩了，你还是很难受，难受可以哭一会儿。"** 允许哭，但不打破约定。孩子会体验到哭被接纳，但哭无法得到自己想要的。当哭无用时，他自然就会少用！让孩子体验到哭无用，同时体验到说话有用。

## 案例三：接纳孩子的坏情绪

一天，小宝回家跟奶奶吵了一架，因为他在学习时遇到了一点小困难，突然就大发雷霆了（估计是上了一天学有负面情绪积压了)。他将房间里手能触及的东西全部摔到地上,包括我的手机。这还不解气,他又把所有的椅子都推倒。然后,他躲进了自己的冷静角。

我温柔地看着他,说:"妈妈知道你现在很烦躁,你想让妈妈陪着你吗?"

孩子噘着嘴不回答。

我拖了把椅子坐在他旁边说:"那妈妈就陪着你,等你想跟妈妈说话了,我们再说话。"

就这样,我们静坐了大概五分钟。

我问他:"你愿意跟妈妈说话吗?"

他摇了摇头。

我说:"妈妈知道了,你身体里的情绪小人还没离开。那我们过会儿再说话,妈妈陪着你。知道吗,不管你生不生气、扔不扔东西,都不影响妈妈爱你。"

又过了五分钟。

他主动过来,我伸手拥抱他,告诉他,妈妈也会有情绪失控的时候,妈妈的做法是出去跑步,或者深呼吸,数6下。孩子好奇地问:"为什么不是数到5,而是数到6呢?"于是,我就跟他讲了前额叶和杏仁核的心理学知识。他的情绪很快就好起来了,跟我一起收拾了房间,又开始学习了。

上小学后,孩子在学习上遇到困难时,特别容易大发脾气。这时候,家长要认识到,一定不是学习造成了孩子情绪化,而是因为孩子自己学不会,家长又提出新的要求,让孩子有点失控感,感觉世界不受自己掌控。"为什么我已经难受了一整天,还要有新的要求？我要爆炸了！"所以，我们会看到孩子因为一点小事，发很大的脾气，扔东西、摔东西，或者一直哭。这就是负面情绪长时间积压产生的大爆发。

所以，家长要做的第一步是静静地陪伴，不说教，不讲道理。在孩子有负面情绪时，家长进行说教，是火上浇油，孩子会发更大的脾气，并且一点效果都没有，因为人在情绪中是听不进去道理的。

相反，如上例中，妈妈温柔地陪伴，给了孩子掌控沟通的时机，会让孩子重新拿到掌控权，所以 10 分钟后，孩子会主动过来。这时候，妈妈拥抱孩子，告诉他"不管发生什么事，都不影响妈妈爱你"。这句话，会让孩子深深地体会到自己是被无条件爱着的。当孩子确认自己被爱、有掌控感，他就从情绪脑回到理智脑了。

这时候，家长就可以给孩子做复盘、讲道理了。

家长要做的第二步是：做榜样，而不是提要求。

家长常常是语气强硬地要求孩子做错了要道歉、要改，要求孩子好好说话，不要扔东西、发脾气，可孩子看到父母也在发脾气，没有榜样就没有力量。

当家长做到"孩子生气，我不生气，平心又静气"时，孩子自然而然就学会了冷静地处理自己的情绪。

以上两步几乎适合所有年龄段的孩子，面对这类情绪化的孩子，家长需要使用更多正确的缓和情绪的方式。

## 👑 帮助孩子管理情绪的方法

一、"孩子，你今天冷静的速度好快呀，比妈妈预计的要快，我还以为要等到地老天荒、地球爆炸呢！"在跟大孩子沟通时，家长可以多一点幽默，效果会更好。

二、"你是怎么做到让自己冷静下来的呢？"让孩子自己总结成功的经验，下次会更容易复制经验，而且一次比一次有进步。

如果孩子说不知道，一是孩子还有情绪，这时家长可以先让孩子玩开心了，晚上再复盘；二是孩子不太敢说，家长可以试一下用鼓励欣赏法。

三、"太好了，当你说不知道时，就给了妈妈一个机会来告诉你原因。你看妈妈说得对不对。你摔了东西、扔了手机的时候，就是生气的情绪来找你了。可你在最生气时，自己跑到冷静角，没有打人，也没有大声尖叫，这就是你在练习管住身体里的生气魔头。"（这里重点是看到孩子已经做到的，不去看孩子没做到的。关注孩子的优点就会放大优点，如果总是关注缺点，缺点得到强化，会很难改正。）

四、"你觉得妈妈今天的情绪管理有进步吗？"妈妈分享自己管理情绪的好方法。可以让孩子把想到的写下来，放在冷静角。

按照这四步来操作，每一次发脾气，都会变成提升情绪管理能力的好机会。多多练习，让孩子成为管理情绪的小达人！

# Chapter 4

## 搞定孩子的拖拉、磨蹭

## 050

# "好的，妈妈愿意哦！"

在长达 10 年的儿童情商教育中，我发现听话的孩子都有一位听话的家长。《父母的语言》一书中提到儿童在 6 岁以前，92% 的语言会直接模仿父母。于是，我建议家长面对孩子的大部分需求时，都要说"可以啊"。孩子提要求，家长在不违背常规原则的情况下都要说**"好的，我愿意哦"**。这样做，孩子对着干、不听话的现象就会变少，效果非常好。

下面，我们来看看变懂事的六六的故事。

这几天，六六生病在家，没去幼儿园，该吃午饭的时候他说想画画，平时妈妈会说："画什么画，先吃饭！"今天，妈妈回复："好的，那你需要什么，妈妈帮你拿。"六六："我需要两张纸、一盒笔。"妈妈说："好的，妈妈马上给你拿。"六六很开心地画画，画完也饿了，午饭吃得很好，妈妈和孩子都觉得很舒服。

因为生病在家，他这几天睡眠很充足。该午睡的时候，六六说："妈妈，我不想睡。"妈妈平时会说："不可以，快点上床睡觉！"今天妈妈说："可以呀，宝贝。那你只可以在屋子里玩，玩累了上床找妈妈睡，可以吗？"六六说："好的，妈妈。我就在屋里玩，不出去，你快休息吧。"然后，妈妈就自己睡了。六六自己在屋子里玩，过了一会儿累了，就来找妈妈。他们互相搂着，一会儿就睡着了。

妈妈最近除了一些原则性问题会对他说"不"，其他的基本都是"好的，可以啊"。现在，他也总说"好的好的，可以啊"。看到他的改变，妈妈真的很欣慰！

六六还有些咳嗽，但吵着要吃饼干。

妈妈说："好呀，但是你现在咳嗽呢，等你好了再吃行吗？"

六六说："不行，我想吃，我觉得我咳嗽好了。"

妈妈说："是吗？让妈妈用听诊器听一听哦。"（然后，他忍不住咳嗽了两声。）

六六说："我还是咳嗽，太烦人了。"

妈妈说："没关系，咳嗽也不是坏事，妈妈一样爱你哦。和你拉钩钩，等你病好了，奖励你小饼干好吗？"

六六说："好的，妈妈，你可不许忘了哦。"

妈妈说："好的，我们吃饭吧。"

六六吃饭时又是喝粥又是吃菜的，妈妈欣慰地笑了。

妈妈生病躺床上睡觉，六六回家后说："妈妈，你起来陪我玩。"

妈妈："可以啊，我也很想陪你玩，但现在妈妈不舒服，需要再睡一会儿。"

六六："那我也要睡觉。"

妈妈："可以啊，你也可以陪妈妈躺一会儿。"

六六:"我们下楼去买药吧,吃吃药你就好了。"

妈妈:"**哇,你好会关心人。妈妈好感动,好爱你。**可是我现在一点力气也没有,晚一点去好吗?"

六六跑出卧室:"爸爸,爸爸!我们下楼帮妈妈买药去,我们去就好了,让妈妈睡觉。"

以前,妈妈不能陪他玩,他就会说"不行",妈妈给他讲道理他不听,最后都是以大哭收场。孩子今天的表现真是惊到妈妈了,妈妈很感动!

这些实践过的案例都表明,父母的语言对孩子的影响多么大,我们在日常育儿中只要用心注意一下自己的语言,就能收获很多意想不到的惊喜。

## 051

## "再做一遍。"

如果孩子走路/跑步摔倒后一直哭,家长千万不要觉得这是孩子太脆弱了,要求孩子不要哭,也不去扶他。当然,也不要过度心疼,为了哄孩子不哭,去打桌子、打地板。这两种方式都是错误的。

第一种处理方式的错误在于不接纳孩子的负面情绪。

正确的做法是好好回应孩子的情绪。

先观察,如果孩子摔得不重,等孩子哭一会儿后自己会起来,家长静静地陪伴即可。

如果孩子哭着看向妈妈,说明孩子有需求。妈妈可以抱住孩子问:"摔得疼了,是不是?妈妈看一下哪里疼。"如实地跟孩子描述受伤的情况:"还好没有破皮,刚摔完会疼两分钟,一会儿就不疼了。"抱着孩子,直到他觉得不疼了,他会重新开始探索世界。

如果想引导孩子下次做得更好,可以继续说:"宝贝,你再走一遍给妈妈看看。""你看,这次你没有摔倒。"

孩子走路/跑步摔倒一般有三个原因:一是走/跑得太快;二

是边走/跑边回头，或想着别的事情；三是妈妈喊危险的时候，孩子没有停下来。

"你想一想，你刚才为什么会摔倒？"

"哇，你说得对，我相信你下次会更好地保护自己的身体。"

第二种处理方式的错误在于忽略孩子的情绪，推卸责任。

很多老人喜欢打桌子："都怪你，都是你的错，把我们宝宝弄疼了！打你！"孩子也会跟着去打桌子，这会让孩子形成错误认知，觉得自己摔疼是外力的原因。这样做也忽略了孩子的情绪，是双重错误。

年轻父母会去指责老人不该这么做，家里会因此吵成一团。全国的老人都会用打桌子的方式哄孩子，原因是这么做孩子真的不哭了。老人这么做的动机不是想教孩子推卸责任，而是心疼孩子哭。

正确的说法如下：

一、"奶奶，谢谢你，你哄了之后，孩子好多了，接下来让我来吧。"不要指责老人，给他们一份认同，认同他们的正面动机。

二、把孩子抱过来："宝宝，妈妈发现你哭了一会儿就停了，你长大了！刚才奶奶很心疼你哦，奶奶心疼得都打桌子了。但是，我们打桌子是不对的。如果桌子有妈妈，也会心疼桌子是不是（6岁以前的孩子认为世间万物有灵）？而且奶奶打了桌子，奶奶的手也会疼，跟你撞到一样疼啊。所以，你愿不愿意去摸摸奶奶的手，关心奶奶啊？"

三、教导孩子认识真相:"宝宝,奶奶打桌子是不对的,因为是你走路不小心撞了桌子,不是桌子撞了你。"

"就是桌子撞了我!"

"啊?桌子长腿了,它会跑过来撞你?"

如果孩子说"是我撞了桌子",父母要及时说:

"你真了不起,你愿意去发现真相,我们来再做一遍。"(重复孩子刚走的路线。)

不要责备孩子,而是教他再做一遍;不要责备老人,而是示范一遍。父母要懂得偶尔批评,常常鼓励,永远爱孩子。这样,家里会充满爱,一直洋溢着幸福的笑声。

## 052

## "你真是个行动派！"

常常有家长抱怨：孩子太磨蹭，做什么都慢，催一下动一下。因为我们天天在家都说"快点起床，要迟到了""快点刷牙，你看几点了""快点吃饭，来不及了"，所以孩子接收到的种子全都是"你很慢"。这样多次负面强化只会得到负面的结果。

若想让孩子做事快，就要多种好种子，记得天天把"你做得真快，你真是个行动派！你这是超级速度呀！"挂在嘴边，天天说，你会神奇地发现孩子不知不觉就改变了。比如：孩子跑步快，家长可以说"你跑步像阵风，真是超级火箭炮"；孩子玩水到了约定时间就起身，家长可以说"跟我约定时间一到就能离开水盆，你真是个行动派"。

如果家长觉得孩子穿衣服穿得太慢，但孩子不认为自己的穿衣速度有问题，家长可以先肯定孩子已经做到的部分："哇！我看到你自己穿好了小内裤，我们家火箭炮再穿上裤子就能吃美味的早餐了。"

家长要相信自己有超能力，能看到孩子表现好的行为，或者孩子已经做出的努力。比如喊孩子去洗澡，他慢悠悠又不情愿地起身，家长可以说："宝贝，我看到你已经站起来了，你真是个行动派！你这个火箭炮是想慢速，还是想超快速到浴室啊？"

"今天你穿鞋只用了10分钟，你真是个行动派！"

常常种下"你真快"的好种子，让孩子从潜意识里相信"我能快"，孩子就会真的越来越快。在情商课堂上，我们做过大量实验，对7岁以下的孩子重复7次种下好种子，就会在他的潜意识里建立好认知。

下面来讲一个叫洋洋的孩子的故事。

一天，妈妈去接洋洋放学。刚入园的他常常是不开心的，经常要求父母抱他回家。今天看到别的小孩子有棒棒糖，他也想要，得不到就开始哭，妈妈说："你没有棒棒糖，有点不开心了，对吧？"他继续哭，妈妈一直抱着他（边抱边抚摸他的头和后背），并告诉他"妈妈在，妈妈在"。

后来，孩子的哭声小了，妈妈说："宝贝，你知道吗，今天，妈妈去魔法庄园摘了一些带有魔法的梨回来。据说，吃了这些梨之后，走起路来可快了。"

妈妈把梨拿出来，还故意说："你等下吃了后走路时记得等下我哦，不然我追不上你的。"然后，他就开始吃。吃了几口，他突然开始跑起来了，他和妈妈一路边跑边笑回到了家。

通过游戏来育儿真的非常轻松，用孩子听得懂的话跟孩子沟通，孩子乐意听，家长更轻松。

# 053

## "该不会我数到5，你就完成了吧？"

### 案例一：彤彤的故事

父母跟孩子常常掉进权力斗争的陷阱。我们来看看下面这个例子。

孩子在看电视，玩具散落一地。

"怎么玩具弄得到处都是？彤彤，先把玩具收起来再看电视。"

孩子没反应。

"听到没有！玩具玩完要收起来！"（妈妈挡在电视前面。）

"知道了，我看完了就收。"

"说好了啊，你记得啊。"（妈妈走开，去厨房忙。）

"怎么回事啊？别躺着看，对眼睛不好。电视看完了记得把玩具收起来！"（妈妈关了电视，孩子躺着不动。妈妈压着火气看着孩子。）

"那妈妈跟你一起收拾吧？"

"不。"

"我再跟你说一遍，现在马上收起来！"

"哼。"（孩子想跑开。）

"你不收可以，我把它们都收起来，这星期你都别想玩了。"

"不要，我还要玩。"（孩子跑过来争夺玩具。）

孩子哭，妈妈气，两人都掉进了权力斗争的陷阱。

当父母想让孩子完成某件事时，孩子不情愿，父母尽量不要用强权来压制，这会引起孩子的对抗心理，教育就变成一团乱麻。最好的方法是父母退出斗争，给孩子选择权。

## 孩子不想收玩具

"我要收玩具，全都收回去。宝贝，你的玩具想自己来收还是妈妈和你一起收？"

"不。"

"该不会妈妈数到5，这些拼图就都回到它们的家了吧？你来决定我什么时候开始数，好吗？"

孩子不动，其实是在思考要不要加入这个游戏，妈妈站在原地静静地等孩子做出决定。

"你先数完5个数，再正式开始数5个数。"

"你来决定什么时候数"，这句话很重要，能让孩子拥有掌控感。他觉得这件事情在自己的掌控中时，会更愿意加入游戏，配合父母的指令。

## 孩子动作太慢这样做

"该不会我数到 5，你就穿好了衣服吧？你来决定妈妈什么时候开始数，好吗？"

同时要及时强化："谢谢你快速行动，这么快穿好衣服，让妈妈节省了好多精力。看来今晚可以多读一本绘本了。"

教育的经典法则是，有用就会有用！当孩子发现正面行为有用，并得到了父母的认同肯定，他就会继续用，这就叫"有用就会有用"！

洗手，而是讲做事的顺序，同时让孩子感受到做完事的好处，他会更配合。

"你一洗好手，我们就可以来读你喜欢的绘本啦。"

第三，让孩子做家庭卫生委员，激发孩子的责任感。

"我们家宝贝不仅可以做好自己的手部卫生，还可以提醒其他人，果然是我们家的卫生员。"培养孩子的责任感，让他在监督他人的同时也能做好自己，让孩子把在学校学的"七步洗手法"教给家里人，并感谢孩子："这样洗果然更干净了，这是从哪儿学的本领？幼儿园真了不起，能学很多好东西。"

第四，7岁以上的孩子，不洗手就吃饭，家长不用太纠结，很多时候，大人吃饭不见得每次都洗手。切忌唠叨，可以简短地提醒孩子："洗手！"如果孩子着急想吃好吃的，家长可以跟孩子说："别着急，我给你夹一个你想吃的喂你。你边吃边去洗手。"越简短越有效，亲子关系也会越好，孩子会更乐于配合。

## 054

## "饭前先洗手,细菌全赶走。"

想让孩子做事情,就要让孩子开心。育儿就是要让孩子开心,孩子开心就会开智,行动力就会变强。

育儿忌讳一直讲大道理:"你手多脏啊,赶快洗洗,不洗会有细菌,会生病的。"3岁以前的孩子完全听不懂,3岁以上的孩子听了会烦,会跟父母对着干。

家长讲得有道理,可是没效果。育儿就是有效果比有道理重要得多。下面给大家提供经过实践后比较有效果的四大育儿方法。

第一,念顺口溜,激发好胜心。

孩子洗手前,家长可以说:"饭前先洗手,不洗是小狗。看谁先到洗手台,洗好手,变健康小能手。"孩子洗完手,家长还可以接着念:"饭前洗好手,细菌全赶走。"顺口溜朗朗上口,既能让孩子感受到比赛的快乐,又能激发孩子的好胜心。洗手变得有趣,孩子就能轻松做到。

第二,讲好处,不讲道理,好处多行动多。

"宝贝,进门先洗手,你就可以来吃大草莓了。"不是要求孩子

## 055

## "离开餐桌,就不能再吃喽。"

你家里吃饭有家规吗?孩子吃饭的时候,很多家长都会说这些话:"不要玩米饭,别弄得到处都是。""吃饭的时候不要给孩子看动画片,会养成坏习惯的。""洗手没有?不洗手多脏啊。""不要到处跑,吃完再玩。""妈,你不要喂他,他自己可以吃的。你老喂饭,以后上学老师会说他的。"

这么多规则,别说是孩子,就算是大人听多了也会觉得烦。我们推荐吃饭的家规一定要特别清楚,家里人都要知道,并且不能超过三条,越小的孩子规则要越少。

3岁之前,孩子的规则就是坐在宝宝椅上吃,专心吃。家长可以多跟宝宝说:"我们坐在宝宝椅上,吃好吃的啦!不坐在宝宝椅上,好吃的就过不来喽!"

不要为了让孩子多吃饭给孩子看动画片,如果家里老人这么做,妈妈可以温柔而坚定地与老人沟通:"妈,不要让孩子看着电视吃饭,看电视会让大脑变得活跃,血液会更多地流向大脑,胃和肠道的供血就会变少,会影响孩子的消化吸收,也不利于培养他的专注力。当然，我知道，不给他看，他会跟你闹是不是？那我们用下'爱上吃饭五招'（参见第 161 页至 164 页内容）。谢谢妈愿意听我说这些，我心里一直都很感激你的。有你的帮助，我才能不放弃自己喜欢的工作。谢谢爸妈来帮忙。"

如果觉得这些话说不出口，妈妈可以试试跟爸爸说，让爸爸去跟老人传达，或者用笔和纸写下来递给老人。

孩子 3 岁之后吃饭的规则就要根据家庭需求来制定。比如家里大人吃饭时爱玩手机，就要求吃饭时所有人都不能看手机；一家人要一起吃饭，如果家里有人会晚回来，可以把菜提前拨出来，最好让孩子来做这件事，这样孩子会学会顾念他人；规定吃饭时不发脾气，一家人一起聊天；吃多少盛多少，全家坚持光盘行动。

家长给 2～5 岁的孩子经常定的规矩是：**"离开餐桌，就不能再吃喽。"** 孩子在家时，家长会给孩子喂饭，尤其孩子上幼儿园后，在学校能自己吃，回家却想享受被爱的服务。家长大部分时候都会同意孩子的要求，同时会说一句："那我们就坐下来吃，离开餐桌我就不喂你了，你也不能再吃喽。"这样做，可以引导孩子培养自控力，大人可以节省出更多时间。

可以喂孩子吗？答案是，可以的。

不用担心这样会破坏孩子的独立能力，家长可以在答应孩子时说："哦，今天是希望我喂你一下，对吗？"或者孩子自己吃到一半就开始玩，这时可以问一句："接下来是想自己独立吃光光，还是让我喂你一下啊？"孩子选择独立吃，家长可以称赞他："今天真是能干啊，又是独立吃饭的一天，上了幼儿园的小朋友就是不一样。"孩子想让妈妈喂，妈妈可以说："今天，你又是被妈妈爱的一天。虽然你也可以自己吃饭，但有时候也想被妈妈宠爱，是不是？"

家长千万不要对孩子说："你都这么大的人了，怎么还要喂饭吃！"或者："你在学校不是都自己吃的吗？回家怎么这么娇气！"父母不要指责帮忙带孩子的老人："不要给孩子喂饭，会破坏他的独立能力的！"这些话孩子会听到，认为自己是不好的、不独立的，这些不好的话要避免说出口。

同时，家长可以明确地告诉孩子："等5岁或者7岁生日后，我们就不再提供喂饭服务了，我们会换一种方式爱你哦。"孩子偶尔不愿意来吃饭，家长可以适当尊重孩子的意愿，等到孩子愿意吃饭的时候自然会自己去吃，大人不必过多关注。

家长在孩子吃饭这件事上要学会灵活变通，不用担心孩子会被惯坏，不用那么死板。

家长要多多练习提前跟孩子说清规则，而不是在吃饭的时候发火。试试这样说："我们坐在凳子上吃，离开餐桌，就不能再吃喽。"

## 056

## "吃饭又吃菜,才能长得快。"

孩子不好好吃饭,很多家长很苦恼,可以看看下面的案例。

晚上吃饭的时候,孩子说:"我一点都不想吃饭。"妈妈说:"不吃就算了。"然后孩子跑去拿糖吃,妈妈说:"不行。"意识到他并不是吃不下饭,妈妈想到用魔法语言试试,就说:"这个胡萝卜说'我在等着豆豆吃我呢',芹菜说'还有我,还有我,我也在排队等着被豆豆吃呢',米饭也说在排队等着被豆豆吃。"本来不高兴的孩子扑哧一笑,积极地跑去搬来喜欢的凳子坐下来开始吃。全程妈妈都在说有趣的、鼓励他的话,他吃得可开心了。

想让孩子去做某件事情,只需要让它变得有趣。为什么?因为人性追求快乐、逃避痛苦!一件事情很有趣,孩子才会愿意去做。这就是游戏力育儿[1]风靡全球的底层原因。

在吃饭这件事上,要让孩子有成就感和愉悦感。

当孩子不吃菜的时候,家长可以跟孩子说:"小朋友,我是你

---

[1] 游戏力育儿:一种育儿方式。简单来说,就是通过玩游戏的方式,让孩子成长,或者解决孩子生活中遇到的一些问题。

肚子里的绿色小精灵，你可以喂我吃绿色的食物吗？不然，我都要饿扁了！""谢谢你，你真是个会照顾人的小朋友，我们都喜欢你。"绿色小精灵源于《肚子里有个火车站》绘本，可以多给孩子读。

经常念吃饭儿歌也非常有效："吃饭又吃菜，才能长得快。怪不得宝宝原来只能按到三楼的电梯，现在能按到五楼了。"让他立马能感受到吃饭、吃菜的好处。

吃饭是最不需要父母焦虑的事，因为这是人的生存本能，所以父母要放下焦虑，多多练习让孩子爱上吃饭的魔法语言。

## 057

## "青菜想排队被你吃呢！"

我们来讲一下如何解决孩子吃饭挑食的问题。

很多家长都因为孩子吃饭挑食发愁。首先，我觉得孩子不存在挑食这回事，只是喜欢吃的跟你不一样，或者跟你脑中既定的标准不一样。有些家长认为孩子应该像一个完美的机器人一样，什么都吃，肉不能吃多，也不能吃少，蔬菜每个种类都要吃一点，家长做什么就吃什么，对吧？

但是，我们要知道一个事实：现在的孩子，他们从小几乎不缺各种零食，吃饭对他们来说真的是一件有些无聊的事情。可能饭菜也不太好吃，因为每个家长的厨艺水平也是不一样的。比如说我，做饭确实不好吃。所以，不能只把责任推给孩子，只怪孩子太挑食。我们的实际研究结果是，想让孩子吃饭不挑食，就要让孩子对吃饭这件事产生参与感、成就感和愉悦感。

**参与感**：就是邀请孩子一起去买菜，让孩子学着切菜、切豆腐、自己搅拌鸡蛋等。5岁前的孩子非常喜欢模仿大人做家务，邀请孩子每天做10分钟家务，是非常正确的事情。

不瞒大家说，我给孩子选的幼儿园，其中有一个大的特色，就是他们学校每周都要做家务。心理学家几乎都会鼓励自家的孩子做家务，这也是心理学的一项重大发现。做家务对一个人的综合素养帮助太大了，家庭责任感、观察能力、手指精细动作、时间统合安排能力，都会在这个过程中得到锻炼。

自己动手参与做出的饭，即使再"挑食"的孩子也不会嫌弃。

成就感：在一起做饭的过程中，孩子比较容易体验到自己能做成一件事的成就感。他把鸡蛋搅拌好，倒进锅里做熟，很快就能吃到。这种立马就能体验"我能行"的感觉太好了，能让孩子比较容易体验到成就感，也能无形中培养孩子的自信心。

愉悦感：家长可以用魔法语言给予孩子愉悦的体验。上小学的孩子，给他钱，让他自己买菜、自己算账。孩子算对了，家长就可以这样鼓励孩子："哇，你上小学后，我太省心了。你可以帮我算钱，我也不担心会算错。别人都用计算器算，我就相信我家儿子的算术能力。谢谢你这么会算术哦！"如果孩子不小心算错了也没关系，家长可以拍一拍孩子的肩膀，温柔地说："再算一算，再多检查一遍，看看你会发现什么。"

拎菜回家的路上，家长可以说："闺女，谢谢你哦。你2岁的时候，我都是一只手拎菜，另一只手还要牵你。有时菜太重了，都把手指压得青一块、紫一块，现在有你跟我分担，我感觉太幸福了。"

做好饭，家长可以温柔地喊："我家盛饭小佩琪（我家端菜小王子）呢？来端菜啦！"

邀请孩子自己盛饭（自己想吃多少就盛多少，这是给孩子自主权，孩子会更容易吃光，不浪费）。孩子给家人盛饭、端菜，父母可以骄傲地说："爷爷奶奶，你们知不知道，今天的菜都是谁端上来的？对，是我们家的盛饭小佩奇（端菜小王子）。"（孩子很可能会美滋滋地抢话说："还是我和妈妈一起把菜买回来的。"）家人享受孩子的服务，给予孩子大力的嘉许，孩子觉得真是愉快啊，顺便把吃饭这件事也跟愉悦的感觉连在一起啦。

最后，当家长发现孩子只盯着肉吃，不吃菜时，试一试说这句话："宝贝，我发现你吃红烧肉好香啊，青菜也好想排队被你吃呢。"这句话真的超级管用。

其实，魔法语言的核心就是：欣赏他已经做到的事情，再提一个他可以做到的具体要求。比如孩子吃饭时喜欢喝水，这是不好的习惯，妈妈就可以说："宝贝，肚子火车只有一个轨道，米饭和水一起进，容易发生事故。我们先让米饭通过。等一会儿，米饭走远了，咱们再把水送进去，好不好？"这样，孩子也会比较乐意接受。

以上就是解决孩子吃饭挑食问题的一些方法，我们要在跟孩子日常相处的过程中多多练习，多一点耐心，相信孩子会慢慢爱上吃饭。

## 058

## "吃饭真有趣啊!"

### 方法一：做有趣的游戏

孩子不喜欢吃某种蔬菜，妈妈就可以给他做得好吃一点。如果孩子非常不喜欢吃这种蔬菜，可以玩一个"偷吃的小兔"的游戏。

妈妈用有趣的口吻说："**宝贝，今天小猪跟你一起吃饭。妈妈给小猪准备了一小碟胡萝卜，放在这里，数量不多，可不能让别的动物吃掉了。**"妈妈假装走开，"我去叫小猪来吃饭了"，然后就转身去找家里的小猪玩偶。爸爸可以配合演戏："来，我们在妈妈回来前快吃胡萝卜吧。"孩子觉得很有趣，就会很开心地吃胡萝卜了。

如果是妈妈一个人带孩子，妈妈可以说："妈妈去喊小猪，你不要趁我不注意偷偷吃掉。"然后转身去找家里的小猪玩偶。妈妈要是这么做，孩子一定会把胡萝卜偷偷吃掉的，因为实在是太好玩啦。

如果是两个大人在家就更好玩了，另外一个大人就可以对孩子说:"这个看上去很好吃,我们一起吃掉它吧。"当孩子偷偷吃光后,妈妈慢悠悠地抱着小猪回来,大吃一惊:"什么?小猪的胡萝卜呢?谁吃的?谁吃的?"吃饭就变成了一场很有趣的游戏。

然后,妈妈就猜:"难道是我们家的小兔子偷吃的?毕竟小兔子最爱吃胡萝卜了。哼,我要去找小兔子理论!那小猪怎么办呢?给小猪再准备一些青菜吧,放在这里,我去抓小兔子,绝对不可以让它再偷吃了。"然后,妈妈又转身走开了,这样做的目的就是让孩子有机会"作案"。妈妈假装去各个房间找小兔,妈妈找的时间要长一点,让孩子可以有机会慢慢吃。

当妈妈抓住小兔子过来时,发现青菜又被吃光了,妈妈可以说:"什么情况,怎么又吃完了?"妈妈看看手里的小兔子,疑惑地说:"怎么回事?看来不是小兔子偷吃的。那怎么办?不管是谁,我一定要抓住它!这些西蓝花给小猪吃吧。"然后拿个盖子把西蓝花盖起来,"好啦,小猪,妈妈带你去洗手。饭前先洗手,细菌都赶走。"

妈妈带着小猪去洗手。然后,孩子会再吃掉西蓝花。这样玩几轮,直到孩子最后自己承认是他偷吃的,或者妈妈发现他的嘴角有蔬菜,就可以"破案"了。"原来你变成了吃蔬菜小小人啊!那小猪要跟你交朋友,因为它喜欢吃蔬菜的小朋友。"

教育界有句名言:"想让孩子做某件事,只要让他开心就可以了!"当事情变得有趣时,孩子一定会做。

## 方法二:说有趣的语言

妈妈可以说"你不吃绿色的菜,肚子里的绿色小精灵都会饿扁的"。如果你的孩子不知道什么叫绿色小精灵,推荐给孩子读《肚子里有个火车站》绘本。神奇的绘本会让孩子知道要多吃健康的食物,少吃零食。

### 方法三:说有趣的绕口令

比如,孩子爱吃零食,妈妈可以说:"炸鸡汉堡包,吃了长不高。妈妈小时候就是吃了太多零食,所以长不高,真的好遗憾。但我们宝宝一个星期只吃一次零食,所以宝宝可以长高。"

家长经常念有趣的绕口令,会让孩子非常愉快地接受。

### 方法四:引入有趣的朋友

小孩子吃饭的时候前半段一般都乐意自己吃,等他开始玩了,就不想吃了,妈妈可以说:"宝宝吃饱了,是不是?但你的好朋友乐迪、天天、多多还没吃呢,你想分别给他们吃几口啊?"

让孩子来决定给每个好朋友喂几口,喂多大口,引导孩子扮演乐迪、天天、多多的角色,孩子不知不觉就会吃很多。

好朋友可以是现实中的人物,也可以是动画片里的人物,因为6岁前大多数孩子还处于泛灵期[1]。他们认为电视里的人物都是真实存在的,万事万物都是有生命、有灵性的。

---

[1] 泛灵期:孩子的一种心理状态,也叫"泛灵心理"。它指的是孩子会下意识地把身边的事物看作有生命的生物。

## 方法五：说有趣的故事

小朋友非常喜欢听故事，也很喜欢听自己小时候的故事。

不会编故事的家长，可以讲讲孩子小时候的故事："你刚出生时只有沙发那么高，还不会坐着吃饭，只会喝水、喝奶。你第一次坐在宝宝椅上吃的是南瓜泥，吃得满脸都是，奶奶看了就一直笑，后来你会自己拿勺子吃了……"讲讲真实发生过的故事，孩子爱听得不得了。

讲腻了就讲妈妈小时候的故事，还有爸爸的、爷爷的、奶奶的，孩子会很乐意听。

每个孩子最终都能学会自己吃饭，而陪伴孩子慢慢学会独立，则需要家长的智慧！一日三餐的幸福时光，如果有这样有趣、有爱的陪伴，孩子一定会更加热爱生活。

059

## "新的一天开始了，宝贝该起床了，妈妈看看，你是不是变漂亮了？"

如果家长一天只有一份耐心，我建议用在早上。为什么？因为孩子要上学，要独自面对一天的挑战和各种压力——他有可能被批评、好朋友不理他了、考试成绩不如意等，就如同家长上了一天班，能量和"电量"都会用光。所以，我希望家长一大早就给孩子一份新能量，让孩子"充满电"。

当孩子有起床气，闹着说"我还要睡，我不要起床"时，建议家长带孩子玩"下亲亲雨"大笑游戏[1]。经过上万组家庭的验证，这个方法非常简单、实用。

上了小学或初中的孩子不想起床，家长一是不可以再三催促；二是不可以一直说"要迟到了"，让孩子更加烦躁；三是不可以直接掀被子。

---

[1] 就是一个小游戏，对孩子从头亲到肚皮，让孩子在爱和欢笑中起床，一天元气满满。

下面是14位家长分享的让孩子快乐起床的方法：

一、我们家是在起床前十几分钟开始播放孩子喜欢的故事，孩子听一两集故事后就会起床了，很管用。

二、我女儿一岁八个多月，早晨起不来的时候，我就给她放出去玩时的视频，孩子一会儿就醒了。

三、我家孩子小时候起床慢，我一开始会发脾气，后来我改变了方法，每次叫他们起床，都会喊："一休哥！"自己再说："哎，我来啦！"然后，我就边用手挠孩子们的胳肢窝，边说唱："格叽格叽格叽格叽……"他们就会笑着起床了。

四、我女儿上学也是起不来，每天早上我都是在被窝里把她亲醒，腻歪醒，孩子也没有起床气。

五、我女儿刚开始睡醒后什么表情都没有。有一天早晨睡醒的时候，她笑了，我很惊喜地对她说："小柒，你睡醒就笑，这么开心呀！"后来，她每次睡醒都会笑着喊我起床。

六、我总是夸奖她自觉按时起床，而且是在亲戚朋友面前夸她，于是她做得越来越好……

七、我每天都唱《生日快乐歌》叫醒我女儿。

八、我家孩子一两岁的时候每天醒来我都会跟她腻歪一会儿，所以她从小就没有起床气，到现在快6岁了，也不怎么睡懒觉。

九、闹钟一响就开始放班得瑞的曲目，然后赖在床上示弱让孩子帮忙拽我起来，谢谢她帮我起床，告诉她要是没有她帮忙，我就起不来了。

十、从来没有研究过怎么让孩子按时起床的事情，很多时候就是发自内心地爱孩子，欣赏孩子，接纳孩子的所有，所以用爱的本能就好。

十一、我们家是用播放器放说唱音乐，简直比闹钟和我还管用。

十二、我儿子从婴儿时期就是这样，每次醒来看到的都是我的笑脸，然后他会马上清醒，上学从不需要人催着起床，也从来没有所谓的起床气。

十三、我是喊："天猫精灵，这儿有个小孩儿不起床！"孩子嘿嘿一笑马上就起来了。

十四、我几乎每天都对宝贝说："新的一天开始了，宝贝该起床了。妈妈看看，你是不是变漂亮了？啊，宝贝真的变漂亮了。"然后她就起床了。要是孩子实在困，我就说"再睡两分钟吧"。我家宝贝每天都是6点多起床。

## 060

## "妈妈把你钓回家吧！"

经常见到在外边玩的孩子哭喊："我还要玩，我不回家！"

做父母的，经常讨价还价似的说："好吧，那我答应你再玩五分钟，你得说话算话，不然下次我就不相信你了。"或者跟孩子陷入权力斗争："不行，太晚了，你看其他小朋友都回家了！我回家来不及做饭了，你要听话！"如果一定要孩子听父母的，孩子会更逆反。再不行就威胁："你不走，那我走了，不管你了！"与其跟孩子讨价还价，父母不如提前和孩子约定，这更符合儿童心理，因为儿童的时间观念还太弱。

第一步，提前做好约定，父母可以对孩子说："我们还有五分钟就要回家了，你想玩五分钟还是三分钟？时间快到了，我提醒你一下哦。"

第二步，父母可以提醒孩子："宝贝，还剩一分钟了，抓紧时间玩啊。"同时让孩子复述还有几分钟回家，帮助孩子提前做心理准备，这样孩子更容易遵守约定。

第三步，万一孩子耍赖，家长尽量不要妥协，可以蹲下来看着孩子："我听到你还想玩,是吧?但是时间到了,要回家玩喽。那你是想我抱你回家,还是我闭上眼,像钓小鱼一样把你钓回家呢?"给孩子两个选择,越有趣越好,孩子觉得新鲜、有趣就更容易做出选择。

如果孩子还是闹情绪,家长也不要发脾气,说类似"你不走,我走了,不要你了"之类的话,这会破坏孩子脆弱的安全感。

父母可以开启游戏模式:"乌卡拉乌卡拉,我变成小鸭子,咱们来学动物走路,比赛看看谁先按到电梯。"尽量让孩子赢,小孩子做游戏时开心很重要。

比如这样一个例子,妈妈带孩子出去玩,因为时间充裕,不着急回家,这时可以让孩子做主:"你还要再玩,对吗?妈妈发现你现在很会主动说出你的想法,而且今天咱也不赶时间,我觉得就听你的吧。你玩够了告诉妈妈,我们再回家。"生活是充满弹性的,尤其是大一点的孩子,让他在一定范围内有自主权,孩子回家会变得更合作。

当然最重要的是给孩子种下好种子,当孩子按约定做到时,及时给予肯定:"宝贝,你这个就叫说到做到。你是个遵守诺言的小朋友。我好欣赏你。"

回到家,妈妈可以对爸爸说:"爸爸,你知道吗,今天发生了一件了不起的事情,小宝答应我玩五分钟后回家,结果时间一到,他立马就走了。真的说到做到了,我都惊呆了。"

家长持续关注孩子好的表现,及时种下好种子,会让孩子从小相信自己拥有自控力,真的会越来越了不起。同时,养育孩子需要家长拥有童真,用游戏式的语言跟孩子交流,孩子听得懂,也更开心,才会更合作。

## 061

## "喝一杯能量水吧!"

孩子生病了,又不喜欢喝水,这时候,家长不要只讲大道理:"你不喝水,嘴唇会变干,会流鼻血,会一直生病。""宝贝,乖乖喝水,奶奶奖励你吃饼干。"这样的说话方式并不会让孩子高高兴兴地去喝水。威胁、恐吓是负能量语言,会破坏亲子关系,而且基本都没什么用。

我们可以用有趣的语言来激发孩子的兴趣,达到事半功倍的效果。比如,妈妈可以对孩子说:"我要做一杯魔法药水,马上就要做好了,一会儿我喝了就是这世界上最厉害的魔法师啦。"妈妈说话时要神秘一些,害怕孩子听见似的,声音又要足够让他听见,这会大大引起他的好奇心。"哎呀,我还缺了一味原料,我再去找找看。"当妈妈装模作样地去书房、卧室找的时候,孩子就会跑去偷偷喝光水。回来的时候,妈妈可以故意做大吃一惊状——做戏一定要做足,试试用游戏语言。用这种方式,孩子喝水就会非常开心。不要劝孩子,而是让孩子感觉有趣,有趣对孩子有用。

家长平时也不要讲太多大道理,跟孩子玩游戏效果就很好:

**"下面，看谁先找到一杯能量水，3——2——1，出动！"**

家长不需要太焦虑，但需要常常给孩子种好种子，尤其是孩子喝水时可以说："哇！今天宝贝的嘴唇润润的，是不是喝水了？你喝了几杯啊？"

"我发现你的尿很清澈，而不是黄黄的。尿精灵说谢谢你喝很多水，把我们都洗干净了，你现在的尿很健康哦。"

"宝贝，今天在学校提醒自己喝了几次水啊？你学会照顾自己了，我觉得我的宝贝又长大了。"

同时，可以多培养孩子的好习惯，比如早晨睡醒喝一杯温开水。我经常跟小宝说："妈妈最喜欢温开水，因为温开水喝起来很舒服，它让我的身体更健康。"因为孩子天生会模仿父母，所以我常邀请他跟我干杯，喝水变成了一件开心的事。

## 062

## "中了吵架大魔头的诡计。"

两个小朋友豆豆和乐乐一起玩，突然开始抢玩具，接着打了起来。

如果是 2 岁多缺乏语言能力的孩子，家长可以把两个孩子分开安抚情绪。可以向豆豆翻译出他的心里话："豆豆伤心了，你想玩红色小汽车，乐乐也想玩，你又抢不过，你很难过，是不是？"家长及时帮助孩子表达情绪、分配玩具，然后再让他们一起玩。

3 岁以上的孩子因为已经拥有了一定的语言能力，家长可以试试用游戏语言对两个孩子说："我是一个吵架大魔头，我最喜欢看小朋友吵架了，因为这样我就可以霸占他们的玩具。"这时，家长可以骑着扫把，假装是大魔头，吸引孩子的注意，对着乐乐说："你赶快去抢小汽车，一定不要分享给豆豆。"再对豆豆说："你一定要去抢那个玩具，不要给乐乐玩。你们赶紧打起来，我最喜欢看小朋友打架啦。只要你们两个再也不是好朋友，我就再也不用害怕了，因为我最害怕听到'好朋友'三个字。"

孩子们会迅速进入游戏，把家长当成敌人，他俩团结在一起，大喊"好朋友，好朋友"。"大魔头"痛苦尖叫："天哪！你俩是好朋友，这可是我最害怕听到的三个字了！"接着，"大魔头"就被吓得四处逃窜，孩子们会一直喊"好朋友"，并且哈哈大笑。这个游戏很有趣，也很有效果。

讲道理对 6 岁以下的孩子作用很小，有的家长可能会说："你俩是好朋友，好朋友要分享玩具，不要抢玩具，你们不是都有自己的玩具吗？自己玩自己的，知道吗？"这样就有些太严肃了。做父母的不需要太严肃，不要太爱讲道理，有用、有趣比讲道理更重要。

晚上，乐乐的家长还可以回家跟家人分享："今天，宝贝跟豆豆玩的时候，有个吵架大魔头出现了。他们这么小的孩子，竟然能赶走吵架大魔头。他和豆豆成为好朋友，就能一起打败大魔头，因为大魔头最怕'好朋友'三个字了。你们知道吗，后来，他们两个还会互相分享玩具。乐乐主动把小汽车分享给豆豆玩，真的太不可思议了。"孩子在一旁听到这些话就会强化分享玩具的优点，他会相信自己是个拥有分享能力的好孩子。这就是好种子的神奇效果。

用种种子加游戏式语言来教育孩子，轻松有趣，简单管用。

## 063

## "零食可以吃，但吃完要刷牙。"

琪宝5岁前基本没有吃过零食，她第一次在幼儿园吃到薯片的时候，像发现新大陆一样。有一天，爸爸在校门口看到了让他心疼的画面：女儿趴在地上，捡掉在地上的碎薯片吃。爸爸意识到对孩子的控制已经让孩子产生了巨大的匮乏感。当天，爸爸就带琪宝去逛超市，让孩子选自己喜欢的零食。

孩子想吃冰激凌、薯片等零食该如何控制？

一、定规则："零食可以吃，但吃完要刷牙。你能做到，就可以吃。"

二、如果孩子生病了，但想吃零食，可以跟孩子玩小战士游戏。家长可以抱着孩子说："哎呀，我们生病了，真讨厌！细菌还在身体里，吃冰激凌的话会冻住身体里的小战士，让病毒和细菌得逞，趁机打败身体里的小战士。细菌的拳头打在喉咙，你就会咳嗽；打在肚子上，你就会肚子很痛。"游戏式的语言让孩子很有代入感，他会考虑这个后果是不是自己想要的，而不是觉得是自己的爸爸妈妈小气，非要阻止自己吃好吃的。

三、学会欣赏孩子。妈妈可以对爸爸说："爸爸，你肯定不敢相信，今天宝贝居然忍住没有吃冰激凌。"正面肯定孩子，他会越来越自控。

四、如果孩子病了，可以把孩子非常渴望吃的零食写到愿望清单上，最重要的是在孩子病好后，第一时间履行约定："你生病的时候想吃冰激凌，但你用宝贵的自制力控制住了，现在还想吃吗？我陪你去买。"当家长主动满足孩子时，孩子会相信延迟满足并不意味着失去，下次更容易耐心等待。同时，家长会惊喜地发现，主动满足孩子，孩子对吃零食的渴望反而变少了。

## 064

## "宝贝，你一颗蛀牙都没有，因为你很认真地刷牙。"

孩子不愿意刷牙，通常来说有两个原因：第一个原因，孩子还不知道蛀牙对身体的危害性；第二个原因，家长一般会强迫或催促孩子刷牙，这让孩子非常没有掌控感。他讨厌被控制的感觉，就会越来越讨厌刷牙这件事。

家长需要把事情变得让孩子有掌控感且有趣，这样就会赢得孩子的合作。

### 让孩子拥有掌控感的游戏

一、**咬牙刷游戏**。如果孩子喜欢咬住牙刷，家长不要生气，可以跟孩子玩游戏："下面我给你刷 10 下，数到第 10 下，看你能不能咬住牙刷，开始数了！"家长慢一点儿数数，边数边欣赏："很好，你的牙每一颗都很健康。"可以延长数数的时间，为了让游戏更有趣，有时家长可以故意数错，有时慢数，有时快数，可以锻炼孩子的听觉专注力。当数到第 10 下，孩子咬住牙刷的时候，他会非常开心。孩子会觉得这不是在痛苦地刷牙，而是在玩有趣的游戏。

二、趁爸爸不注意偷偷刷牙游戏。我和小宝常常玩"爸爸去洗澡，我们关起门来刷牙"的游戏，等爸爸洗完澡，小宝逗他"爸爸快带我去刷牙"，爸爸气炸了，说"你妈妈怎么老忘记给你刷牙"时，小宝再说出真相。每次玩，他都特别开心。不用担心每次这样玩游戏家长会很疲惫，养育孩子就是帮助大人找回童真的过程。跟着孩子再过一遍童年，亲子关系越亲密，教育越有效。

三、刷牙机器人游戏。"豆豆要刷牙了，请呼唤刷牙机器人。"家长变身机器人，还会说方言，再做几个搞笑的动作，孩子会笑得人仰马翻，刷牙变成了开心时刻。

## 有趣的故事

"刷牙时间到，今天我们讲什么故事呢？"边给孩子刷牙边编一个有意思的故事，用来转移孩子的注意力，三分钟刷牙时间轻松度过。不会编故事的家长可以讲自己一天的心情，或分享孩子小时候的故事和欣赏孩子今天的好行为，都会让孩子越来越喜欢刷牙。我们喜欢一件事，往往是因为做这件事的美好感觉。

可有些家长发愁了，有时下班了很累，不想陪孩子玩怎么办？也有一些可以偷懒的方法，比如2岁半以后带孩子去医院，在牙齿上涂氟，能够有效预防蛀牙。

## 在潜意识里种种子的南南妈妈

南南妈妈的牙齿非常不好，30岁不到就拔了四颗牙，治牙、种牙花了不少钱。因此，她很关注孩子的牙齿，但她一点儿也不焦虑。她给南南刷牙时常常欣赏孩子："宝贝，你知道为什么你一颗蛀牙都没有吗？因为你有爸爸的好基因，你爸爸的牙就特别好，你遗传了他的好基因。"让孩子从潜意识里相信自己的牙齿很好，他就会更愿意保护好牙齿。

## 多一些欣赏和肯定

常常肯定孩子的努力："宝贝，你一颗蛀牙都没有，因为你很认真地刷牙。有时，你还会催爸爸给你刷牙，真是个爱刷牙的小卫士！"

"闺女，妈妈很少跟你说'谢谢'。但在妈妈心目中，你是个很好的孩子，我知道你并不是很喜欢刷牙，可是8年来你都坚持刷下来了，所以你没有什么蛀牙，妈妈很感谢你。"温柔和真心的语言，哪个孩子不受用呢？

## 065

## "哇,真的穿好了!简直太神奇了!"

有些小孩子特别不喜欢穿衣服,真是让家长头疼。孩子脱了衣服满屋子蹦跳,洗好澡乱跑,嘴里喊着"不要,不要",家长既担心孩子着凉,又担心他生病,有时气急了,就抓住打一顿。在养育孩子的过程中,"说不听就打"不是好方法。

小孩子的问题,当然是用游戏解决最有效。父母可以跟孩子玩"百变帐篷"游戏。

早上孩子不想穿衣服,父母可以用夸张的语气说:"奶奶,这是个魔法帐篷。宝宝进去前没穿好衣服,出来就穿好啦。你信不信?"

"我才不信呢,从来没听过魔法帐篷,你们吹牛吧。"奶奶配合演戏。

父母可以让孩子悄悄地关上门穿衣服,或者躲在角落里穿,孩子穿的速度会非常快。

"哇,真的穿好了!简直太神奇了,太不可思议了!"奶奶一脸惊叹,孩子会非常受用。不用吼不用催,玩着就把衣服穿好啦。

如果家里只有妈妈一个人带孩子，就可以让孩子躲到被子里或窗帘后面穿，孩子也会愉快地配合。谁能使孩子愉悦，谁就能赢得孩子的合作。

2岁以下的孩子游戏设置要更简单，"哎呀，宝宝的小手多可爱啊，让我亲一下。小手小脚捉迷藏"，穿衣服时顺便跟孩子亲密互动。

4岁以上的孩子，可以跟孩子进行穿衣服比赛，但是不要有比赛的压力，尤其是慢热、在意输赢的孩子，不要给他压力。二孩或三孩家庭可以让孩子们进行比赛。

一胎家庭就跟父母比，父母做穿得最慢的人，或者规定快动作穿或慢动作穿，还可以切换模式，会非常有意思。

在养孩子的过程中，你会发现一切都可以玩，让家充满笑声，养娃更轻松，也更成功。

## 066

## "宝贝，妈妈要陪你去打针，会有点疼，但妈妈一直陪着你。"

3岁前的孩子至少需要打10次左右的疫苗，有些父母怕孩子哭，会哄孩子说："打针不疼，一点儿都不疼。"孩子发现上当后哭得更厉害。有些父母希望孩子勇敢，会鼓励孩子说："宝宝最勇敢了，打针都不怕，我们要做勇敢的男子汉。"当看到别的孩子不哭，自己孩子哭得特大声时，有些父母会焦虑地训孩子："好啦，好啦，打完了，别哭了！"

以上做法会让孩子对打针这件事产生强烈的不安全感，所以在疫苗接种室或输液室，我们常常见到孩子在门口就开始哭喊："我不要去，我不打针！"打疫苗只需要不到五秒的时间，孩子却要哭闹半小时以上。这类孩子都是在打针这件事上有多次不良体验，感觉很痛苦，所以会拼命抗拒。

### 说实话的可乐妈妈

2岁半的可乐生病了，妈妈要带他去打针。妈妈对可乐说：

"宝贝，妈妈要陪你去打针，会有一点点疼，就像小蚂蚁咬一下。如果疼你就哭，不疼你就不哭，妈妈会一直陪着你。"

可乐第一次去打针，完全不了解会发生什么事，打完了才哭。

第二次可乐就开始抗拒，妈妈继续说实话："会有点儿疼，如果疼，宝宝可以哭，不疼就不哭。"

三次以后，可乐告诉妈妈："打针只有一点儿疼，我不怕。"

为什么会这么顺利？因为孩子完全了解真相，同时被允许表达情绪，还有妈妈的陪伴。每次的体验都是可预期的，可预期就会有安全感，打针的疼痛就变得可以忍受了。

这句话同样适用于孩子摔疼了、难受了等，每当这种时候，妈妈都可以温柔地说："宝贝，摔倒了会疼一会儿，如果疼，你就哭，不疼可以不哭，有妈妈陪着你。"

## 我不要吃药

孩子生病了，却不肯吃药，家长焦虑又着急。平时都能对孩子好好说话，但是他不吃药，家长就会很着急："你不吃药怎么能好？闭上眼睛，捏着鼻子，很快就吃完了。"这些语言会让孩子更焦虑，本来生病了就很难受，加上被批评，被逼迫吃药就更难受了。

在这么难受的时候，我们可不可以想办法让孩子开心一点儿呢？答案是：可以跟孩子玩游戏、讲故事、秀演技。苦中作乐，痛苦会变少。

## 妈妈是个演技派

讲故事、秀演技:"宝贝,你知道吗,你生病的时候,肚子里跑进去好多小细菌,你知道细菌长什么样吗?(这种故事开头,孩子一定想听)它们长得可奇怪了,有的长着胖胖的头,有的只有一只眼睛。它们最喜欢偷偷跑到人的身体里去捣乱了,还会得意地说:'我可是咳嗽大王,谁都别想打败我。吃药就可以打败我?不可能,没有小朋友敢喝药,所以愚蠢的人类永远不可能打败我。'"演技出神入化的父母会运用吹牛式的有趣语言,嚣张的大笑,让孩子忘记吃药的可怕,还会增强孩子要打败咳嗽大王的好胜心。

当孩子开始喝一小口药时,父母可以在旁边继续演:"我的胳膊怎么断了?我咳嗽大王绝对不能被打败。不好!我的头好晕,到底发生了什么事情?难道真的有小朋友敢喝苦苦的药?求求你了,别再喝了!"当孩子的注意力全都放在父母的表演上时,他就会开心地喝药。做父母的不要有心理包袱,该演戏就要演戏。

孩子病好之后,父母要及时强化孩子的好行为:"哇,以前生病都要7天才能好,现在竟然只用了6天就好了,就是因为我们吃药非常及时,细菌大王和咳嗽大王都害怕你。"

孩子生病不想吃饭,除了让孩子多休息,父母也可以进行有趣的引导:"宝贝,生病时要吃小面条,因为细菌大王最怕它。面条会像绳子一样,牢牢地把细菌和病毒捆住。"

"青菜是用来堵细菌大王的嘴的,现在它的嘴已经被堵上了,它不能说话了,身体也被捆着不能动了。可是,这个细菌大王可厉害了!他还会放屁,他放的屁可臭了。除非你再吃一些青菜,因为吃菜多,放出来的屁会变香。"

如果孩子不吃米饭，父母可以试着这么说："**米饭就是黏胶，可以把细菌、病毒们都粘住，一网打尽。**"发挥趣味想象力，让孩子感觉到生活充满了乐趣。这种孩子长大后一定非常热爱生活，超级有活力。

孩子拉肚子不想喝药，有个简单的方法就是，父母可以使劲摇晃药水，让孩子观察："你看到这些气泡没有？这些气泡就是黏胶。你在拉肚子，就是因为你肚子里的臭臭都已经分开了。这黏胶可以把它们粘在一起，把它们粘成一条健康的臭臭，像香蕉一样健康的臭臭。"孩子会好奇地想试一试，也会更配合吃药。

我们可以用这样的童言童语，用孩子般的想象力来引导他。

我的育儿理念就是：开心治百病。只要能让孩子开心，就能够让他百病全消。学会开心、有趣地好好说话是父母给孩子最好的爱。

## 067

## "我差点儿忘了，我也有一个可爱的宝贝。"

当孩子喊着"妈妈不许抱别人"时，妈妈会担心孩子是不是安全感不足，所以赶紧回应"没事，妈妈一会儿抱你，我先抱一下小妹妹"，可孩子却不依不饶。

妈妈觉得孩子似乎太黏人了，但其实孩子核心的内在想法是："我想独占我的妈妈，每个人的妈妈只能抱自己的孩子，抱别人就不符合世界的规则了。而且，妈妈抱了别人，我感到很失落。"

所以，父母不需要尴尬，反而该高兴，这说明你和孩子之间建立了良好的亲子依恋关系。随着孩子慢慢长大，他不会一直黏着大人。

此时，正确的做法是什么呢？

妈妈可以把小妹妹还给她妈妈，迅速抱起自己的孩子："我差点儿忘了，我也有一个可爱的宝贝，而且是个大宝贝，抱起来好舒服。"同时，妈妈可以碰碰孩子的鼻子，闻一闻，"真是香香嫩嫩的小脸，让人亲不够啊。"

有魔法而有爱的语言，能让孩子感觉到你不只是在抱他，还在爱他，亲昵的动作让孩子感觉你超级喜欢他，能够补足孩子渴望被重视的心理营养，增加孩子的安全感。

如果是二孩家庭，妈妈抱二宝，大宝也要抱，如果二宝在1岁以内，可以把二宝放下或交给其他家人，优先满足大宝的需求："妈妈刚好也想抱我的大宝贝了，大宝贝也想念妈妈的拥抱是不是？妈妈抱着你就不想撒手了。"

妈妈一个人带两个孩子时，可以对大宝说："妈妈抱着弟弟（妹妹），哥哥（姐姐）也想要抱怎么办呢？太好了！妈妈有两只手，那就一起抱吧。"

最后可以给大宝一些饼干，邀请大宝分享给弟弟（妹妹），引导大宝："你吃得真香，不知道弟弟（妹妹）会不会吃得这么香呢？你愿意分享吗？"引导大宝去做一些分享。如果大宝能做到，及时肯定大宝的举动："果然是我的大宝贝，大哥哥（大姐姐）就是不一样，都会分享了。"

二孩家庭的两个孩子天然就是要争宠的，每个孩子都渴望独占自己的妈妈，所以大人不要责备孩子的正当需求，而要想办法满足需求，在此基础上对孩子提出一些合理的要求。

## 068

## "我们要安全过马路。"

有的孩子让家长特别担心，一出门就乱跑。家长走神 10 秒，孩子就会消失在视线中，尤其是过马路时，不愿意让家长牵手，横冲直撞令人提心吊胆。关于生命安全的注意事项，家长一定要温柔而坚定：温柔地接纳孩子的情绪，然后坚定地执行规则。

首先，家长可以在出门前用明确的语言跟孩子说："我们出门后一定要做到两件事：我说'危险'，停下来，你就得停；过马路的时候一定要牵着我的手。如果你独自跑开，我会立刻把你带回家，我们就不出门玩了。"

孩子做到了约定的事项后，家长要强化他的好表现；如果孩子多次出现危险行为，请家长一定要坚定地把孩子带回家。此时，家长不要发脾气，要尽可能温柔。温柔是什么？就是你真心地接纳孩子，同时告诉他："我们在这儿冷静五分钟，再出去玩。"孩子可能会哭闹得很厉害，但家长一定要温柔地接纳孩子的情绪："我知道你很难受，我在，我陪着你。"

坚定地执行约定，会让孩子明确约定就是一定要做到，规则感会慢慢培养出来。正常孩子学习规则至少需要七次练习，家长要有耐心，不必心急。

4岁以上的儿童可以更灵活地执行规则，关于过马路，家长可以跟孩子说："宝贝，你是不是觉得自己长大了，想自己过马路？你说说看，怎么才能安全地过马路？"

教给孩子"两看"，首先左右看看有没有车，然后要看到绿灯亮起时再过马路。

当孩子成功做到时，强化他的好行为："像你刚才那样就是安全地过马路，你做得非常好。"

## 育儿小课堂

### 069

# 如何给孩子立规矩

### 🍡 "那我不吃饭了。"

"儿子,你离开了你的凳子。"

"我只是拿个玩具,马上回来。"

"我听到了你的回应,谢谢你的回应,你回应的速度变快了。但现在是吃饭时间。"

"可是我想玩这个玩具。"

"很好,你有了吃完饭的目标啦。先吃完饭,再玩玩具吧。"

"不可以边吃边玩吗?"

"你说呢?"妈妈平静地反问。

"那我不吃了。"

"你确定?你问下你的肚子,如果还不够饱,妈妈用超级闪电速度帮你吃饱。"

"那好吧,我再吃两口。"

"你为你的身体负责,我很欣赏你的责任心。如果我们速度够快,还可以吃两口。"

### 有效喊吃饭

首先，不要隔空喊话。比如，孩子离得很远，家长就对着孩子喊："一会儿要吃饭了，你抓紧时间洗手啊！"孩子很可能没听到，也没什么反应。

当孩子在玩的时候，家长最好拍拍手，先吸引孩子的注意力再说话："宝贝，看着我，还有五分钟就要吃饭了。"

孩子说："不要碰我，让开。"

家长说："我也不想打扰你，所以你快回答，还有几分钟要吃饭了？"

孩子说："五分钟。"

家长说："哇！那你还有五分钟可以玩，时间到了是你自己过来吃，还是需要我再提醒你一下啊？"

### "妈妈，你最近怎么都不说我了？"

孩子吃完香蕉，随手丢香蕉皮，妈妈心疼刚打扫完的地板，也看不惯孩子不讲卫生的坏习惯，脱口而出就是指责："怎么又把垃圾丢地上了？这样多脏啊！快捡起来！"孩子感觉到被挑剔，往往赌气不愿意合作。

正确而有效的做法是，妈妈平静地问："香蕉皮应该丢在哪里？"

孩子把香蕉皮捡起来又丢到桌子上。

妈妈认真地问："你换了一个地方，但它应该丢在哪里？"

"妈妈，你最近怎么都不说我了？"

妈妈听到这句话，心里感触良多。原来孩子一直觉得妈妈不爱自己，因为妈妈总是说他，挑他的毛病。父母放下焦虑，不挑剔孩子，而是心平气和地说事实，就不会跟孩子陷入权力之争，解决问题也会更顺利。

## 关于父母教育孩子采用说事实方式的更多例子

把"不要乱涂乱画"改成"墙不是用来画的，你可以画在纸上"。

把"不要跳"改成"沙发是用来坐的，可以在瑜伽垫上跳"。

把"一点儿都不知道帮妈妈做家务"改成"端菜小王子，来帮妈妈端菜了"。

把"不许打人，打人是坏孩子"改成"我不喜欢别人打我的脸，我会觉得疼，还很生气。你愿意摸我的手吗"。

## 毛毛就不要穿衣服

妈妈叫毛毛过来穿裤子，叫了好几遍，毛毛都没有回应。妈妈生气了，对毛毛说："喊了你三遍都没来穿裤子，我真的很生气。我的火已经到脖子这儿了，要喷出来了！"

毛毛走开，不理会妈妈说的话。

其实这时候妈妈可以这样对孩子说："你不想听妈妈说话，感觉你被责备了，但是妈妈真的很着急，我要迟到了，你能不能跟妈妈合作，帮帮我？"

妈妈还可以这样说：**"谢谢你愿意合作，这样我们都会快乐点儿。哇，今天妈妈只说了两遍，我们就合作完成了。"**

常常跟孩子表达自己的感受，增强孩子的同理心；常常翻译孩子的感受，让孩子学会好好表达。

## 育儿小课堂

### 070

## "来念顺口溜吧!"

1～6岁的孩子很可爱,但不爱听指令,你说东他往西,你说抓鸭他撵鸡。这个时候,家长别生气,可以试一试给孩子多念押韵式顺口溜,父母不吼不叫,孩子就能乖乖听指令。

人们喜欢押韵的顺口溜,几乎所有的广告都是运用这一诀窍的,比如"透心凉,心飞扬",押韵式语言朗朗上口,读起来有一种节奏感,不仅容易记住,还会让人感觉很快乐。孩子也一样,快乐的时候就会变得更听指令,更愿意合作。

### 起床

外面喜洋洋,宝宝快起床。
太阳眯眯笑,宝宝起得早。
宝宝起得早,睁眼眯眯笑。

## 刷牙

小牙刷，手中拿，
我的宝宝来刷牙。
上下刷，里外刷，
早晚刷，没蛀牙。
早晚来刷牙，牙齿小飞侠。
早晚都刷牙，满口小白牙。

## 洗手

饭前先洗手，细菌全赶走。
饭前先洗手，不洗是小狗。
饭前要洗手，健康小能手。

## 睡觉

小鸟自己飞，小猫自己跑。
宝宝要睡觉，不用妈妈抱。
眼睛闭闭好，马上要睡着。

## 收拾

我要收玩具，全部放回去。
我会收玩具，家里变干净。

## 吃饭

饭菜真是香，我要全吃光。
饭菜香喷喷，宝宝真喜爱。
吃饭又吃菜，身体长得快。
炸鸡汉堡包，吃了长不高。

## 穿袜子

拉开大嘴巴，套上小脚丫。
往上拉一拉，袜子穿好啦。

## 穿裤子

一个裤子两个筒，两个裤筒像山洞。
左脚穿进左山洞，右脚穿进右山洞。

## 穿鞋子

一对好朋友，从来不分手。
要来一起来，要走一起走。
要是穿错了，他俩把头扭。
要是穿对了，他俩头碰头。

# Chapter 5
## 提升孩子的人际交往能力

## 071

## "我知道你是在积攒勇气。"

家长经常无意识地当众羞辱孩子，比如孩子在电梯里，刚进来的奶奶爱聊天，就问孩子："你几岁了？上幼儿园了没有？"

孩子不理人，躲在家长身后不说话。家长引导无效，只好无比尴尬地解释："这孩子就是太胆小，太害羞了。"

家长是在做面子工程，而孩子就会被种下一颗胆小、害羞的种子，很快烂果子就会呈现出来。

当家长问孩子"为什么不跟老师打招呼"时，他会说"我害羞"；当家长问孩子"明明在家都会的，为什么就不愿意上台表演"时，他会说"我害羞"。

这就是种瓜得瓜，种豆得豆。孩子相信自己胆小，就会越来越胆小；孩子相信自己害羞，就会越来越放不开。

著名教育家阿黛尔·法伯说："永远不要低估父母的一句话对孩子一生的影响。"

当孩子不愿意打招呼的时候，正是家长教育孩子的好机会。第一是直接做给他看。家长主动去跟奶奶打招呼，给孩子做好示范。

不仅要言传，更要身教。

还要种下有潜力的种子，家长可以说："宝贝，其实你很想跟奶奶打招呼，只是还在积攒勇气，对不对？即便你今天不打招呼，你也是有打招呼的潜力的。当你积攒好勇气以后，会跟奶奶说'你好'，对吗？"

我们可以把害羞想成在积攒勇气，把胆小变成潜力等待发挥，魔法语言会让孩子充满力量，从潜意识里相信自己是有潜力的人。家长只要种下信任的种子，而不是催促的种子，孩子在没有压力的情况下，见人要打招呼这种事情就会变成小菜一碟。

突然有一天，当孩子主动跟老师打招呼的时候，家长可以抓住机会说："我就知道我的宝贝是一个会热情打招呼的孩子。"

"爸爸（妈妈）就知道"这句话是有魔力的。一句话，让孩子深深相信：原来在爸爸（妈妈）心目中，一直都相信我是一个好孩子。相信的力量会让孩子主动变好。

千万不要种下批评、比较的烂种子。比如，"你这个孩子，怎么打招呼这么简单的事也做不到。你看比你小的妹妹都可以做到"，这样说非常打击孩子的自信心，不会让他愿意打招呼，只会加剧他的自卑感。所以，我们千万不要这么做！相反，我们应该种下欣赏的好种子。比如，对孩子说："今天你是主动打招呼的小朋友，你很会热情地招手，你真是有礼貌的孩子。"这样说会帮助孩子成为越来越主动、热情的孩子。

孩子偶尔忘记打招呼，一般有两个原因：第一个原因是孩子没有时间打招呼，大人之间聊起来的时候根本没有给他机会插话；第二个原因是孩子不知道怎么称呼对面的大人。最简单的方法是，当妈妈跟朋友见面的时候，可以说："川川妈妈，这是我的儿子。儿子，这是川川妈妈，你可以叫王阿姨。"给孩子介绍的同时留出时间，让孩子有时间打招呼。

最重要的一点是，当孩子做到了的时候，家长给予正面强化；当孩子做不到时，学会忽略、不关注。这样做，孩子会变成虽然有点儿内向，却是个热情、主动打招呼的小朋友。不信你可以试试看。

## 072

## "这话不好听,这是冷漠的小刺,会刺疼爸爸。"

孩子说脏话:"臭屁爸爸,你走开!"

家长的第一反应可能是:"小朋友不能说脏话!跟谁学的?!没礼貌!"家长太过激的反应,反而会让孩子发现暴力语言是有力量的,能激起大人的特殊反应。非常有意思的是,孩子以后会多次尝试这样说话。

孩子喜欢说"屎、尿、屁"的第一个原因是,他进入了污秽语言期,说"屎、尿、屁"太有力量了,简短犀利,还能激起大人的激烈反应。第二个原因是,很多家长听到小孩子这么说,会哈哈大笑,还把小孩叫过来让他再说一遍,这样就强化了孩子说脏话的行为。第三个原因是,模仿大人,有些家长接电话的时候不自觉地飙脏话,孩子在旁边听到就会去模仿。第四个原因是,这是孩子宣泄情绪的方式。他在生气:"臭屁爸爸,你不给我看电视,你是坏蛋!坏爸爸,我讨厌你!"

如果是第二个和第三个原因,家长要注意自己的言行,给孩子做好榜样。如果是第四个原因的话,家长可以使用情绪引导。至于第一个原因，污秽语言期几乎是所有孩子都会经历的阶段，家长放宽心，我们正确的处理方式是平淡对待。比如，爸爸可以对孩子说："儿子，'臭屁爸爸'这个名称没依据，爸爸每天都洗澡，你闻一闻很香的。"或者："这话不好听，这是冷漠的小刺，会刺疼爸爸。艾莎公主是不会这么说话的。"

家长还可以顺便科普："你知道为什么屁会分为香的屁和臭的屁吗？一个人一天要放几次屁？还有屁从哪里来？你是不是都不知道？"

孩子对这些很好奇，家长就可以说"来，我们一起去查资料"，带孩子进入学习状态。学习、了解后，孩子增长了知识：原来我们吃的饭菜进入身体里，经过消化，产生的废气，通过屁股排出，这就是屁。家长可以告诉孩子："我还要告诉你更厉害的，你知不知道我们的尿、屎和屁可以反映身体状况？你不用看医生也能知道自己的健康状况，尿如果很黄，就是不够健康，喝水太少了。如果拉臭臭，最健康的形状是长条状的，并且是像香蕉一样的颜色，这是最健康的，看看你符不符合吧！"家长这样就可以成功地把他对屎、尿、屁的热情转为了对科普知识的热情。

孩子有时也会说些"伤人"的话，"我不喜欢你了""我再也不跟你玩了""我讨厌你"。家长可以尝试说："听起来你有点儿情绪，可这句话是冷漠的小刺，会刺痛好朋友的心。"形象的比喻式语言孩子能听懂，并且有感受，可以有效地帮助孩子改掉错误的语言模式。

## 073

## "分享越多，快乐越多。"

很多家长都在委屈孩子，成全别人。这看似热情大方，其实盲目无知。比如，老人喜欢让孩子学会谦让和分享："没关系，没关系，我们给弟弟玩一下，你看你还有很多玩具啊。"还有的家长会告诉孩子不能吃亏。比如，爸爸教育孩子要当男子汉："去抢回来，谁抢你玩具你就抢回来。"这两种做法都是错的。

首先，不可以在被抢玩具后跟孩子说没关系，因为这会破坏孩子的物权意识。

心理学研究了 0～6 岁孩子物权意识发展的规律。

0～1 岁，"我的东西别人都可以拿"。

1～2 岁，"我喜欢的就是我的"。

2～3 岁，"我的东西别人不能碰"。

3～4 岁，在父母的引导下可以分享。

画个重点，3 岁之内的孩子没有分享的能力。

4～5 岁，"集体的东西也是我的"，所以会把幼儿园的东西拿回家。

5～6岁，会主动分享。

大家发现了吗？你跟3岁前的孩子说分享是会破坏他的物权意识的，他不能直接进行分享。如果家长希望引导孩子爱分享，需要做到如下几点。

一、提前预知。下楼之前跟孩子说："宝贝，我们要下楼玩了，哪些玩具是你愿意分享的，哪些玩具是你想自己玩的，提前准备好可以分享的玩具哦。"

二、在孩子进行分享的时候要强化。"哎呀宝贝，妈妈看到你跟小弟弟分享玩具了，你看我们只带了两个玩具下来，却玩了四个玩具，这个就叫分享越多，快乐越多，小宝成为一个爱分享的小宝贝了。"

三、当别人强迫孩子进行分享的时候，家长一定要替孩子撑腰。"这个玩具我们太喜欢了，所以还没有做好分享的准备。"家长一定要保护好孩子分享的主动性，而不是让孩子被迫分享。

其次，为什么让孩子抢回来也是错的？

因为如果孩子能够抢回来玩具，那在这之前玩具就不会被抢走了。爸爸这种简单的处理方式会让孩子觉得：我做不到就是怯懦。这会让孩子没有自信心。

正确的做法有三条。

第一，用心地观察。家长心里想："太好了，被抢玩具就是孩子一次练习成长的机会，我可以去观察一下，孩子会不会主动把玩具抢回来。"孩子在抢的时候，家长可以说："宝贝，如果发现抢不过，一只手不够，可以两只手一起抢。"鼓励孩子自己争取。

第二，如果孩子抢不过开始哭，这是孩子发出的求救信号，家长（特别是爸爸）一定要为他撑腰："儿子，来，我跟你一起去要回来。"

第三，不是什么时候都要抢回来。孩子被抢了玩具，他表现得无所谓，也不哭，这时候，根据心理学的原则是不求不助。家长需要管理的是自己的脆弱心理，不要过度敏感，觉得孩子被欺负了，孩子吃亏了，这很可能只是大人的内在小孩受伤了。

关于让孩子学会分享，家长可以经常强化孩子的主动分享行为。比如："宝贝你分享给我的草莓好甜，我好快乐，果然是分享越多，快乐越多。"

"儿子，你把奶酪棒分享给三个好朋友，他们是什么心情啊？你是什么心情啊？对，大家都觉得很快乐，这就是分享越多，快乐也变得越多。"

"分享越多，快乐越多"，一个人吃美食是一倍快乐，两个人分享，是翻倍的快乐，把这颗好种子种到孩子的潜意识里吧。

## 074

## "想个方法同时满足两个人的需求。"

妙妙喜欢裹着被子在家里跑着玩，爸爸生气地说："不许玩被子。"妙妙小脑袋转得飞快："爸爸你是不是讨厌被子被弄脏？那我就在床上玩，这样可以吗？"妙妙的想法非常奇妙，她知道可以想个方法同时满足爸爸的要求和自己的需要。

在日常生活中，家长常常跟孩子的想法不同：孩子认为一切都是玩具，而大人把物品都划分出了具体价值；孩子永远活在当下，开心就想一直玩，没有时间概念，而大人认为什么时间就要做什么事。这样往往产生冲突，孩子总是哭，家长就冲着孩子发脾气。可我们忘了，社交中发生冲突其实是件好事情，是一个让我们来练习想办法的好机会。那么如何满足两个人的需求，最后达到双赢呢？

比如，孩子在家里拍球，爸爸担心影响到邻居，劝孩子别拍了，可孩子不听。这时候就可以让孩子亲身体验一下拍球产生的噪声，爸爸来拍球，让孩子趴在地板上听听吵闹声，这样他就可以感同身受了。然后，想一个办法同时满足两个人的需求，比如让孩子在瑜伽垫上拍球，或者下楼去拍球，还可以换一个游戏玩。解决冲突的方法太多了，我们多了一次练习的机会。

又如，乐乐和奇奇在一起玩，乐乐想用积木搭火车站，奇奇想搭太空站，因为他今天想当宇航员。冲突就来了，妈妈抓住机会引导孩子："你们的想法都很好，谁能先想到一个办法同时满足两个人的需求呢？"

乐乐经常做想办法的练习，他开心地跟奇奇说："我们可以搭个太空火车站啊。"孩子永远能想到大人都想不到的办法。这时候，一定要给他们欢呼鼓掌。

当冲突出现时，不要去争论对错，要想出两个人都满意的方法，这就是双赢思维。试着多跟孩子说："我和你的想法不一样，那让我们再想个能同时满足两个人需求的办法吧。"

## 075

## "以后你的朋友遍天下哦！"

在游乐场，总是听到这样的话："你这孩子怎么这么胆小？怕什么？想去跟小朋友玩就去啊！""拉着妈妈的手干什么？那都是小朋友玩的地方，大人不能进去的。"家长苦口婆心地劝孩子去交朋友，劝说不成，家长就会恨铁不成钢，气呼呼地带着委屈哭泣的孩子走了，边走边训："你不去玩，那就回家！"温和的家长会愿意带着孩子去交朋友，但心里也会焦虑：为什么他就不能自己去呢？别的小朋友都可以，他这样以后怎么上学？

你有过这样的焦虑吗？其实这世界上没有胆子小的孩子，只是孩子交朋友的潜力还没发挥出来。

孩子说："我不敢，妈妈你跟我一起去。"妈妈可以惊喜地说："哇，刚到游乐园你已经找到想一起玩的朋友啦？难道今天交朋友的潜力要发挥了吗？"孩子之前听到的是"胆子小"，而现在听到的是"潜力大"。他一时会有些吃惊，吃惊时孩子就会记住妈妈说的话。

孩子坚持："妈妈你陪我去嘛。"妈妈笑眯眯地说："你是不是担心自己去会被拒绝,所以想到一个方法,请妈妈一起去,就不怕被拒绝了?"说中孩子的想法,会让孩子不那么紧张,更有利于解决问题。

千万不要说"你自己去,你可以的,妈妈相信你",这种话不能够给予孩子有效的支持。当孩子陷入情绪里的时候,家长要做他的同盟军。不求不助,有求必应!

拉起孩子的手,大方走过去,教孩子运用交朋友的四个步骤。"宝贝,交朋友很简单的!"

**第一步,观察。**"我们先观察他们在玩什么玩具,哦,他们的两辆小汽车准备要去救火啊。"

**第二步,走近一点儿。**"我们走近一点儿去听,原来他们在玩汪汪队游戏啊。队长发布任务了,前方着火了,需要一辆消防车去救火。"靠近观察会让别人熟悉他,同时感受到他是很友好的!

**第三步,多赞美。**"你们的游戏真好玩,你们的小汽车好酷啊。"交朋友最重要的法宝就是学会赞美,这很容易赢得别人的好感。

**第四步,提出请求。**"我可以跟你们一起玩吗?我可以帮你们一起救火。"友好的请求,还带帮忙功能,很容易就能加入游戏。

千万不要拉着孩子的手上去就问:"我们可以跟你一起玩吗?"这样被拒绝的概率会很大,因为别人不了解你,或者不知道你可以做什么。

假设带孩子的是妈妈。如果孩子成功加入了,妈妈可以(惊喜地)说:**"宝贝,你发现没有,今天我们出来练习交朋友,一下子就成功了,我们交朋友的潜力好大。多多练习,以后你的朋友肯定遍天下。"**如果孩子问:"什么是朋友遍天下?"妈妈可以回答:

"就是到处都有朋友，走到哪儿都能交到好朋友。"可以跟孩子数一数，爸爸的老家有朋友，妈妈的老家有朋友，孩子在幼儿园里也有朋友，小区里还有朋友。以后坐火车也能交朋友，走到哪儿都有朋友。

如果爸爸的社交能力强，妈妈可以种下一颗好种子："你像你爸爸一样，到处都有朋友。"

那么问题来了，难道每一次都让妈妈陪着去？孩子4岁前，家长都可以陪，回到家给孩子欣赏、肯定的心理营养。总有一天，家长会惊喜地发现，孩子走到哪儿都能够自然地交朋友，这就是种了好种子，时候到了，自然会结出好果子。

如果加入失败了，家长可以说："被拒绝了我有点儿难过，原来大人来交朋友也会被拒绝啊。"让孩子看到家长也有做不到的事情。

"我猜想他们现在不需要人，又或者我们换一种方法，拿着玩具去分享，或者换一个游乐园玩？"让孩子看到失败没什么大不了，大不了换一种方法再试！

在社交过程中，要允许存在一切可能性，不要试图去控制，家长需要做的就是无比相信自己的孩子：他有交朋友的潜力，只不过暂时还没发挥出来。

试着蹲下来跟孩子说：**"宝贝，交朋友是很简单的，多多练习交朋友，以后你的朋友遍天下哦！"**

Chapter 6

# 提升家庭幸福力

## 076

## "我很高兴你是我的孩子。"

中国科学心理研究所 2017 年有一组数据显示，在中国，父母协同教育孩子的比例不超过 11%。如果你家是爸爸妈妈共同参与孩子的教育，你的孩子已经妥妥地赢了 88.6% 的孩子。自从知道这个数据以后，我就让爸爸一起带娃。因为爸爸给孩子的是力量感，妈妈给孩子的是安全感。

很多爸爸不愿意带孩子，第一个原因是，他不知道怎么带小孩，总觉得要等孩子长大后再带。

第二个原因是，爸爸以挣钱为理由，或者是在外地工作，觉得没时间带孩子。

最可怕的是第三个原因，潜意识里认为男主外，女主内，带孩子就应该是妈妈的事。特别是童年缺少父亲陪伴的男孩，长大后潜意识里就会复制相同的模式，他的认知里没有爸爸带孩子这件事。

第四个原因可能是，夫妻关系太差，男人的心不在家里。

爸爸不带娃无非有这四个原因。

## 爸爸介入孩子教育的最佳时间

林文采博士认为，对3岁前的孩子来说，最重要的是安全感，所以妈妈的教养投入得更多，而从孩子4～5岁开始，是爸爸带娃的黄金期。

爸爸是连接孩子与社会的桥梁，帮助孩子从妈妈的怀抱，过渡到社会，获得更多的社交能力。拥有爸爸陪伴的孩子也更容易适应学校，同时得到爸爸欣赏的孩子，长大后不惧怕权威，不会出现怕老师，或怕跟领导相处的问题，因为爸爸是给孩子力量感的重要人物。千万不要想长大后再教育他，那时候他往往已经不需要你了。

## 爸爸如何表达对孩子的认可、欣赏、肯定

爸爸一定要把这句话挂在嘴边："儿子（女儿）我很喜欢你，我非常高兴你是我的孩子。"这句话要变成爸爸的口头禅。

爸爸可以在孩子取得好成绩时，自豪地说："儿子，你能取得这么好的成绩，爸爸知道你努力了，我非常高兴有你这样的好孩子。"

爸爸可以在孩子做出良好的行为时，欣赏地说："女儿，你会关心妈妈，帮妈妈做事，爸爸很欣赏你，我非常高兴你成为我的孩子。"

爸爸出差回来可以说："儿子，让爸爸抱抱。哎哟，又长高了，像一个男子汉了。孩子，爸爸很喜欢你，我非常高兴你是我的孩子。"

孩子内心住着爱他的爸爸妈妈，这就是幸福的童年，将来会治愈孩子的一生。哪怕是爸爸常驻外地、爸妈离婚等情况，妈妈也要把爸爸对孩子的爱讲给孩子听，这样能有效提升孩子的价值感。

讲一个我自己的真实故事。小时候，我爸爸妈妈经常吵架，我

给大家讲了很多幸福课，可我并不是在幸福的蜜罐里泡大的，很多人经历过的痛苦，我也都经历过。

在我13岁时，睡到半夜被爸爸摇醒，因为妈妈在哭，需要我去安慰妈妈。我抱着妈妈哭，第二天肿着眼去学校。我也亲眼见过爸爸赌钱，因为这个他们闹离婚，妈妈绝食几天几夜。

青春期的我非常讨厌爸爸，甚至拒绝跟他沟通，我觉得都是因为爸爸喜欢去打牌，所以惹妈妈不高兴。他们总是吵，都怪爸爸伤害了妈妈。

有一天，我跟妈妈说："我很讨厌爸爸，因为他总是气你，你们老是吵架，我不想要这样的爸爸。"

我妈妈跟我说了一段话，直到今天，我仍然无比感恩妈妈，这段话特别有智慧。那时，我跟爸爸的关系冰火两重天，我走在路上见到爸爸都不愿意跟他打招呼，把他当陌生人一样，爸爸也不善言辞，我们一个月说的话不到10句。

但我妈妈当时认真地跟我说："姐姐啊（妈妈经常喊我姐姐，因为我还有个妹妹），我们吵架，是爸爸妈妈之间的事，跟你没关系，你只要记住你的爸爸非常爱你！"

我一直记得妈妈说这句话的样子，她笑得很温柔。她讲了很多我小时候的事，我才知道我一直被爸爸爱着，真的好幸福。

"姐姐，你知道吗，小的时候，你爸爸老是把你扛在肩头，给你买最大的糖，你最喜欢吃的八宝糖都是爸爸买的。那时候，我们忙生意，你生病躺在床上一直哭，妈妈手头忙没有时间顾你，你爸爸很心疼，一回来来不及洗手就要去抱你，你是爸爸抱着长大的。"

当时，我很震撼，妈妈说的这些我完全没有印象，但听妈妈讲的时候有一股股暖流经过身体。写到这里的时候，我依然想流泪。

感谢我智慧的妈妈，哪怕大人之间有再多的矛盾，她仍然愿意让我知道我有一个好爸爸，我是被爱着的。当然，他们现在非常恩爱。

成年人的世界有很多的不如意，但是小孩子需要知道父母很爱他。这样，他就会拥有力量去走自己的人生路。

## 渴望父爱的森森

以下是森森妈妈的自白：我这两天情绪稳定，不再焦虑，孩子的情绪也稳定了。以前遇到事，我就给他讲道理，这两天我都是欣赏并鼓励他。孩子真的变得乖了，不总跟我对着干，也没那么爱发脾气了。早上醒来后，我告诉他，爸爸说很爱他，让我转告。其实爸爸没说，爸爸从来都不用语言表达爱，以前更是爱否定、批评孩子。没想到孩子听完我的话，先是沉默，然后哭了，我就鼓励、开导他，让他把心里的感受说出来。他说他既感动又开心，因为知道爸爸爱他，他还心疼爸爸干活辛苦。一句简单的话，竟然有这么神奇的力量。以前他们可是水火不容的关系，孩子甚至说不要他这个爸爸了。爸爸的语言、态度对孩子的影响太大了，我想让他俩关系好好的，一家人都亲亲密密的。我对孩子说："我说爱你的时候，你怎么没有哭，也没那么大反应呢？"孩子说是因为我总说，他听习惯了，爸爸从来没说过，他才这样。原来他一直渴望爸爸说出爱他的话。

认可、欣赏和肯定的话，爸爸说比妈妈说效果要好。爸爸对孩子的肯定、认同、赞美，不管是对儿子还是女儿，都特别重要。

希望爸爸们多多试着说"孩子，我很喜欢你，我非常高兴你是我的孩子"，这句话孩子会铭记一生，并且开心、温暖一辈子。

## 077

## "谢谢奶奶关心，我要自己做。"

老人家带孩子一方面容易溺爱，"你吃得到处都是，奶奶喂你""你还小，你不会，奶奶帮你弄"；另一方面又容易过度控制孩子，"不能下去，太冷会着凉""不能吃，吃多了上火"。

父母和带孩子的老人这两代人常因育儿观念不同而产生不可避免的争吵，指责老人会让他们寒心；允许老人这样做，又担心孩子养成坏习惯。其实当冲突发生时，我们一定要试着先看到对方的期待，溺爱和过度控制都是因为他们关心孩子的健康和安全，老人的动机一定是正面的。

在我们家，我们会教孩子向老人家表达需求，以及适当拒绝老人的过度包办："谢谢奶奶的关心，我想自己吃饭。""谢谢奶奶的关心，我会穿得暖暖的，跟妈妈下楼玩不会冻着自己。"

千万不要指责老人："妈，你不要老是给孩子喂饭，到时候上学怎么办？"老人听不进去，还可能会爆发育儿冲突。试着让孩子学会自己表达，老人会更容易接受。

如果孩子太小，大人可以用孩子的口吻帮助孩子表达，清楚自己的边界:"奶奶别着急,我需要点儿时间练习穿袜子。""奶奶别担心,我会吃完的,让我慢慢吃。"

不指责,而是好好说话,家就会充满爱的能量。一个有爱流动的家,是孩子最好的成长基地。

## 078

## "欢迎爸爸回家。"

"**欢迎欢迎，欢迎爸爸回家！**"爸爸打开家门，看到妈妈和可可站在那里，热烈鼓掌，笑容灿烂。

"今天是什么特别的日子吗？"语音刚落，妈妈和可可已飞扑过去，"看看谁先抱到爸爸"，爸爸抱着一大一小，心里有阵阵暖流，这大概就叫作幸福。

每天再普通不过的下班时间，因为知道家里有两个人等着欢迎自己，会变成最期待的时刻，就像《小王子》里等到4点就开始激动的狐狸，越临近相见的时间点，越期待和激动。爸爸再也不说"上一天班好累啊"这样的话了，而是会说"回家好幸福啊"。

可可妈妈经常不在家，每个月都需要出差10天。每次回家，爸爸和可可都守在机场的出站口，妈妈拉着行李箱出站的时候只见一个小身影跑得飞快，撞进怀里，妈妈就感觉到充实的幸福感。每次放学、下班的相聚，一家人体验热烈地爱着彼此的感觉，这就是幸福。

这种仪式感在可可家随处可见。可可现在上初中，人缘奇好，不过她最近因为上课讲话被老师批评，她现在住校，还在宿舍里违反关灯规则，所以老师让家长来接她回家反思。可可无精打采地走出校门口，看到的却是妈妈张开大大的怀抱："欢迎可可回家住，走！先去吃烛光晚餐，吃饱了再想办法解决难题。"

怎么让我们爱的人知道他们有多好，多值得被爱？爸妈上班扛着巨大的压力，孩子上学同样背着压力，当我们见面拥抱的时刻，把压力留在门外，幸福就来到了家里。**"欢迎欢迎，欢迎我爱的你回家。"**

## 079

## "你像爸爸一样会照顾妈妈。"

中午给孩子穿衣服时,妈妈感觉嗓子有点儿干,咳嗽了两声,然后说:"哎呀,我是生病了吗,我可能需要去喝点儿水。"然后孩子就出去给妈妈端了一杯水过来,说:"妈妈,我找到一杯水,你喝吧。"妈妈赶紧种种子,说:"哇,我的宝贝太体贴,太会照顾人了。妈妈觉得很温暖,很感动,谢谢你,亲爱的宝贝,你像爸爸一样会照顾妈妈,有你这样的孩子真幸福。"

最幸福的家庭是爸爸爱妈妈,妈妈爱孩子。爸爸可以当着孩子的面,多做关爱妈妈的行为。这是非常棒的家庭教育,孩子从小耳濡目染,男孩子长大后会关爱女性,也更容易婚姻幸福。

比如,母亲节、妈妈的生日、父母结婚纪念日等节日,爸爸带着孩子策划一个给妈妈的惊喜,甚至孩子的生日当天,爸爸和孩子一起准备一份礼物送给妈妈,因为孩子的生日也是妈妈的受难日。

在日常生活中,细节更能体现爱。比如,爸爸下班进屋第一时间先抱妻子,再抱孩子;妈妈在给孩子喂饭,爸爸把妈妈爱吃的菜夹到她的碗中,不要让妈妈给孩子喂完饭只能吃剩菜;爸爸带着男孩子一起做重体力的家务活，告诉孩子："我们都是男子汉，只有妈妈是女生，所以我们一起保护她。如果爸爸不在家，你就保护妈妈。"告诉女孩子："妈妈很辛苦，我们能一起为她做点儿什么呢？"

像这样让平凡的日子充满爱，日子就过成了花，幸福一直在我们的家。

## 080

## "爸爸的意思是……"

### 不会表达情绪的乐乐爸爸

搬家当天,妈妈睡醒后发现爸爸和乐乐窝在床尾,爸爸生气地说:"乐乐,我真的想打你,我要打你屁股了!你怎么又尿床!"

孩子听了不说话,看着妈妈。

"爸爸的意思是,今天要搬家,爸爸要开 10 个小时的车,他很想好好休息,开车才能更有体力。爸爸不是想打人,他的情绪现在很复杂,爸爸可以示范一下,跟乐乐说出来吗?"

情绪被看见的爸爸明显放松了,爸爸和妈妈讨论过,乐乐不太会主动表达自己的情绪,父母要多做示范和榜样。"乐乐,爸爸刚刚确实想打人,但打人是不对的,所以不能打你,对吗?不过爸爸有点儿担心,晚上没休息好,路上会难受。爸爸也担心没有被子盖,万一你着凉了会生病,路上会受罪。而且尿湿的被子今天来不及洗,搬家也会变得更麻烦。下次我们睡觉前一定先尿尿,可以吗?"

爸爸真是好榜样，为了孩子学会好好表达自己的情绪了。

很多爸爸都会把表示关心的话说成指责："走路不要看手机，小心车撞死你。"

"**爸爸的意思是**，他很担心车会撞到你，所以记得把手机收起来，走路的时候要专心。"

妈妈可以做爸爸的翻译，把他的关心更准确地翻译出来。

中国式教育要求男性就要理性、坚强，不可以脆弱，这样他们会变得越来越不擅长说出自己的感受和情绪，也失去了用同理心去体会别人的感受。但家是温暖的港湾，家是无条件接纳家人所有情绪的安全基地，所以当爸爸被情绪裹挟时，妈妈需要做他的翻译家，不要跳到爸爸和孩子的冲突中，去指责爸爸，使他的情绪更激动，而是跟他站在一起，去打败情绪。

比如，当丈夫不耐烦地说"我也很累，我工作上的事压力很大，说了你也不会懂"时，妻子可以这么说："我是不懂啊，你的工作本来也不是一般人能懂的，但一般人我也不关心他，我只关心你。"

智慧的妻子可以春风化雨。好好说话，家庭会越来越和睦。

## 急躁打孩子的轩轩爸爸

妈妈买东西刚走进小区，就看到爸爸用脚踹轩轩的屁股，并用恶狠狠的声音说："我跟你说过几遍了，听到没有！"轩轩看到妈妈，哭着跑过来索抱。妈妈不知道发生了什么事，但因为心疼孩子，不满意爸爸的语气和做法，便指责道："你干什么啊！有什么事不能跟孩子好好说吗？"亲子矛盾就变成夫妻矛盾，战场转移，矛盾升级。

正确的做法是，妈妈先安抚孩子："轩轩难过了，来妈妈抱抱。"先不要关注事情，先关注情绪。等孩子驶出情绪隧道后再问："轩轩，愿意告诉我发生了什么事情吗？"

轩轩说不出来，邀请爸爸说。这时，妈妈要注意观察爸爸，理解他做这件事的原因，不要带着对错心去听，而要带着同理心去听。

爸爸还有点儿生气："我跟他说过好几遍了，让他不要敲那个柱子，他就是不听。我就踢他了，我得让他长记性！"

看来爸爸有时候也想教导孩子，让孩子养成好习惯，只是方法不对。轩轩不听指令，让爸爸觉得自己的权威被冒犯了。

妈妈看向轩轩："我听懂了，原来是爸爸提醒你不要敲柱子，你知道为什么吗？因为那个柱子里有电线，敲击后万一发生意外，会有电到你的风险，爸爸会很担心的，妈妈也会很心疼的。而且敲的声音也不好听，会影响别人。爸爸希望你玩更安全的游戏。"当妈妈翻译出爸爸的内心话时，就会让爸爸好受很多，他会知道，妈妈是理解他要教育孩子的良苦用心的，爸爸的情绪也得到了舒缓。

"当然，爸爸踢轩轩，那肯定是不对的。这会让你很难过，所以你们两个人都做错了，谁能先勇敢地道歉呢？"当然，他们即便不道歉也没关系，重点是孩子懂得被爸爸教训的原因后，不会觉得受到了伤害，爸爸也感受到夫妻同心，夫妻感情会更好。

## 081

## "爸爸说得对。"

越是亲近的人,越不考虑家人的感受,所以常常是指责多于赞赏。如何让家里充满欢声笑语,让家人学会好好说话,减少家庭内耗呢?

我们可以记住一句话:老公多说"老婆我爱你",女人需要的是宠爱;老婆多说"老公说得对",男人需要的是认同。

比如,爸爸凶巴巴地说:"再看电视小心眼睛瞎了,赶紧关了,去睡觉。""我告诉你不许哭,男孩子要坚强,少哭!再哭我收拾你!"此时孩子可能会大哭,或者向妈妈投来求助的目光,妈妈记住不要加入父子(父女)之间的战争,不要站在孩子的立场去指责爸爸,最后变成夫妻争吵。

如果非要加入,可以抱抱孩子:"我觉得爸爸说得对,你一直哭的话,我们都不知道你想要什么!而且爸爸说得对,电视看多了确实伤眼睛,我们多睡一会儿,对你的眼睛和身体是有帮助的。爸爸很关心你,但他的语气让你感觉害怕和难过,是吗?"认同爸爸的正面动机是因为关心孩子,这样很容易安抚爸爸,让爸爸觉得他教育孩子的良苦用心有人看得见。

"每次你都这样，孩子都被你惯坏了！"丈夫指责妻子。

"**老公说得对**，孩子是不能惯，你觉得当我做出什么行为时就是惯孩子？"这样的沟通就是有效的，两个人的出发点一定都是为了孩子好，所以一定可以达成共识，"你是说，当你教育孩子时，我出来抱着孩子，你担心孩子就不听你的了，那你希望怎么做呢？"

妻子不要想着：他明明做错了，我为什么还要认同他？因为只有认同才会带来双向沟通，夫妻之间沟通越顺畅，教育孩子才会越有效。试着在沟通时常常练习"你说得对"，认同对方的部分观念，再表达自己的想法，沟通一定会变得畅通。

## 082

## "你就像爸爸一样认真。"

"你跟你爸一个德行，房间都乱成猪窝了，也不知道收拾一下！""你跟你爸一个样，天天就知道气我！"这些话大家应该很熟悉。这些妈妈脱口而出、反复唠叨的话，又变成下一代的口头禅，同时让爸爸的形象在孩子心中直线下降，这大概是中国式父亲跟孩子普遍不亲近的源头之一。

林文采博士研究了上万个儿童案例，发现从4岁的第一天到5岁的最后一天，孩子特别需要爸爸的陪伴和欣赏，需要肯定和认同的心理营养。但3岁前的孩子大多是妈妈带，爸爸忙着赚钱养家，对孩子陪伴少、感情浅，怎么才能加深父子（父女）之间的感情呢？

妈妈可以作为父子（父女）之间的桥梁，找到两个人的共同点，传递给双方，这是最有效的方法。

比如："哇！宝贝你好优秀呀，昨天的跳绳成绩又大大地提高了，你像爸爸一样是个会努力、有责任感的人，妈妈好喜欢你呀！"

"嘟嘟，妈妈发现你去爷爷家，每天都给妈妈打电话哦，让我感觉**你像爸爸一样关心和爱妈妈**，因为爸爸在外面上班每天都会给妈妈发视频，这让我觉得能成为你的妈妈好幸福！"

"宝贝，妈妈看到你今天主动刷牙了哦，**你像爸爸一样爱护牙齿呢**！怪不得你的牙齿像爸爸的一样健康，不长蛀牙。"

"这是你留给我的橘子啊？我发现你像爸爸一样会默默关心别人，爸爸昨天回家晚了还给你盖被子，**我感觉爸爸特别喜欢你**。他从来不说出口，但爸爸在心里默默地爱着你。"

像这样常常找到孩子和爸爸身上的共同点，告诉孩子，孩子会认同、欣赏爸爸，喜欢缠着爸爸玩，爱听爸爸的话，爸爸带娃会越来越有成就感。

在日常生活中，可能几句话就能让爸爸找到自己跟孩子的共同点，让他们之间有更多的理解和认同，亲子关系就会越来越健康。我们来看下面这个例子。

爸爸带着儿子去见心理咨询师，爸爸火急火燎，说了10分钟孩子的各种毛病，"你不知道这孩子有多让人头疼，家里的东西都被他拆了一遍，刚买的玩具套装都被拆成零部件了，怎么说都不听，性格太倔"。他请咨询师无论如何都要帮他改掉孩子的坏习惯，咨询师只说了一句话，爸爸就安静下来了，并且对孩子有了新的看法。

咨询师说："听起来你的儿子跟你很像啊，动手能力一样强，可能以后跟你一样是技术过硬的工程师。毕竟这么小的年龄能完整地拆除玩具也是个技术活。"爸爸听完，放松地笑了："可能是他经常看我在家工作，跟着学会了。"

# 083

# 让爸爸爱上带娃的有用方法

## 让爸爸爱上带娃的四个方法

一、0～3岁，爸爸最适合给孩子洗澡。大部分男人都不擅长太过于细致的家务，他们更擅长体力活，帮孩子洗澡非常适合爸爸。洗澡时会有大量的身体接触，会快速培养爸爸跟孩子的感情。但是3岁后最好让同性父母帮孩子洗澡。

二、2～8岁，爸爸带孩子多玩游戏、做运动。男人大都爱玩游戏，孩子也爱玩游戏，爸爸是孩子最好的玩具。

三、5～12岁，在学习之余，爸爸带孩子多玩下棋类的游戏，可以锻炼孩子的专注力、观察力、思维逻辑能力等。

四、一定要允许爸爸用自己的方式带娃，男性粗放的方式对孩子也非常有必要。有一位妈妈非常有智慧，爸爸带娃玩，结果在沙发上睡着了。妈妈不但不生气，反而帮他盖上被子，让爸爸舒舒服服地睡。等他睡醒的时候，妈妈说："睡醒了吧。给你五分钟缓缓你的起床气。下面是你做爸爸的时间。"多么有智慧，既表达了关爱，还能给出具体的要求。爸爸愣在那里，一直都没动，妈妈不催也不吼。过了一会儿，就听到爸爸开心地说"儿子，咱们来玩大笑游戏啦"。

## 如何让孩子感受到父爱

下面这几种情况，如何让孩子感受到父爱呢？

一、离婚（丧偶）家庭怎么给予孩子父爱

让爸爸活在孩子心目中，给爸爸一个光辉的形象。特别是离异家庭，一方不要说另一方的坏话，会破坏孩子的价值感，因为孩子天生认同自己是父母的一部分。

美国前总统奥巴马从小跟妈妈生活，小时候他没见过爸爸，他的爸爸有很多问题：出轨，赌博，爱喝酒。但是他爸爸有一个大优点，他是哈佛大学毕业的高才生，他妈妈从小就告诉他："你爸爸非常优秀，他很博学，是哈佛著名的高才生。你就像爸爸一样，学习能力特别强。"妈妈把爸爸的优点放大到极致，所以奥巴马从小学习优异，坚信自己未来也会像爸爸一样去最好的学府，成为了不起的人。我认为奥巴马的妈妈创造了一个奇迹。

让离婚的伴侣有一个光辉形象，不是为了伴侣好，而是为了孩子好。如果父母离婚了，告诉孩子："我们离婚与你无关，宝贝，那不是你的错。你只要记住，你永远是我们的孩子，妈妈爸爸依然爱你。"

二、爸爸常年在外工作，妈妈应该怎么做

在生活中，要经常让孩子感受到爸爸的存在。比如，孩子给妈妈倒了杯水，妈妈可以说："哇！贴心的宝贝，你给妈妈倒水真好，你像爸爸一样会照顾妈妈。"

妈妈还可以塑造伟大的爸爸形象。有一个孩子的爸爸是飞行员，经常不在家。他妈妈会经常指着飞机说："看！这架飞机里有一个伟大的机长，你知道你的爸爸是干什么的吗？对，你的爸爸可厉害了，他是中国机长！"让孩子知道爸爸的工作很伟大，教育孩子努力学习，未来也可以做伟大的工作。

如果孩子的爸爸是铁路工人，常年不在家，妈妈可以说："你的爸爸是铁路工人，国家四通八达的铁路线，都是铁路工人辛苦修好的。爸爸不在我们身边，可爸爸修好的铁路让更多人受益了。"

## 压抑的家庭怎样变幸福

鑫鑫的爸爸在外地工作，每三个月才有五天的探亲假。妈妈原来一直抱怨，觉得一个人带两个孩子，爸爸什么忙都帮不上，夫妻之间只有需要钱的时候才对话。爸爸觉得不被理解，妈妈觉得每天都很疲惫。后来，妈妈开始对孩子没耐心，动辄训斥，甚至打骂。看到大儿子越来越胆小，妈妈非常自责，她觉得自己有些抑郁倾向，于是报班学习心理学，学习家庭教育。

妈妈利用所学，每天都带两个孩子玩大笑游戏。家里开始充满欢声笑语，孩子开心了，也更听话好带了，大儿子越来越开朗，妈妈也有了巨大的成就感。

妈妈每天都会把孩子的趣事分享给爸爸，感谢他辛苦地赚钱，让两个孩子都能享受到更好的物质生活条件。爸爸非常感动，更主动关心家里钱够不够花，感谢妈妈把两个孩子都带得很好。

妈妈趁着假期，带着两个孩子去和爸爸团聚，一家人享受天伦之乐。后来，她发现爸爸竟然每天都早起跑步，之前天天下班喊累，就喜欢躺在床上玩手机，现在竟然坚持锻炼身体。这是因为有了妈妈的感谢，他想早起锻炼，让自己有更充沛的精力努力工作，给老婆孩子更好的生活。妈妈常常跟孩子们说："爸爸真是了不起，工作那么忙还坚持早起锻炼，爸爸真的很自律，他是我们学习的好榜样。"

如此，家里的日子越过越好，幸福越来越多。所以我们要少抱怨，多多感谢另一半的付出，多陪孩子笑一笑。

育儿小课堂

084

## "我要给你写感谢信。"

心理学上认为夫妻关系大于亲子关系，要想解决丧偶式育儿问题，让丈夫回归家庭，以我多年的教学经验来看，最有效的方法，就是给对方写感谢信，方法很简单却很管用。因为幸福家庭的核心秘诀，就是看见对方的付出。

感谢信公式：谢谢你＋描述好行为＋对我的帮助＋我的感受。

感谢信模板：

一、"老婆，谢谢你这么早起来做早饭，我一起床就有早饭吃，感觉好幸福。"

这就是一次非常用心的感谢，描述好行为要具体，知道自己的行为对接受方有帮助，听到接受方的感受会更有共鸣。

二、"老公，你已经休息了，还愿意起来把空调调到 26℃，我和宝宝睡觉都会很舒服。"小细节里也藏着爱，要懂得感恩。

### 👑 案例：疯狂发送感谢信的欣欣妈妈

　　睡到半夜 11 点，欣欣突然闭着眼睛哭，然后一直哭。妈妈开始很生气，后来想起花花老师在课上说的，"你要观察自己，这时候照见了你的什么"。妈妈就慢慢冷静下来，然后就想欣欣怎么了，她是不是心里不舒服，就问她"要不要妈妈抱抱"，欣欣说"要"。妈妈就抱起她，按照花花老师说的抚摩她的背，什么都没有说。然后爸爸开灯了，想骂女儿为什么大晚上哭。还没等他开口，妈妈就对爸爸说"嘘，她很快就会好的"，爸爸便不说话了。妈妈继续抚摩欣欣，两分钟后她就不哭了，然后很快就睡着了。要知道以前出现这种情况，至少需要半个小时欣欣才能入睡，这次很快就解决了。放下女儿，妈妈回头对爸爸说"谢谢你，刚刚没有发脾气，爱你"，然后三个人就开心地睡觉了。

　　妈妈还可以这样对爸爸表示感谢："感谢老公昨天抽空帮我打印了 17 份资料，一份都没少。你真是个做事细心、认真的人，孩子学习爸爸的细心、认真，将来一定会成为一个有内驱力的学霸。"

　　"感谢你带孩子去买菜，这让我看到了你对孩子的疼爱。"

　　"感谢你耐心、用心地陪孩子用餐，给了孩子好的引导，教孩子正确的餐前礼仪，这让我感觉特别轻松。"

　　"谢谢你昨天下午淋着雨跑好几趟帮我搬快递；谢谢你开完会赶紧又帮我抱孩子，让我去洗了一个美美的澡；谢谢你记得我生日，默默给我准备礼物；谢谢你跟我一起陪孩子玩游戏，孩子很开心，我看着你们玩，感觉好幸福。"

　　"这些都是太平常不过的事情了，我总觉得自己的情绪没有被你看见和重视，积压了太多伤心，可我也理所当然地忽视了你默默的行动和付出啊,理所当然地忽略了你默默做出的改变啊!谢谢你对我一直以来的包容。"

## 四个使用感谢信后发生改变的真实案例

**案例一:爸爸默默帮做家务**

刚开始写感谢信的时候,妈妈不乐意写,因为真的很讨厌爸爸,就是不想对他表达感谢。但是上个星期妈妈和爸爸吵架时,孩子被吓到了。考虑过后,妈妈决定做出一些改变。妈妈写的感谢信爸爸从来都不回,不过妈妈发现爸爸虽然不回信,却还挺受用的。他从来不洗衣服,早上居然破天荒地早早起床把衣服洗了。

**案例二:缺位的爸爸回归家庭**

希希吃的、用的、玩的都是妈妈在操心,最近爸爸给希希买了足球,带希希踢足球。妈妈鼓励爸爸:"哇,你这个足球买得太好了,我怎么就没有想到要给孩子买一个足球呢?男孩子就得踢足球嘛。"于是,爸爸天天带着希希下楼踢球,足球也成了希希最喜欢的运动项目。当然,爸爸也买过一些失败的东西,妈妈就学着去看他做得好的地方。爸爸越来越有成就感,希希也越来越喜欢爸爸的陪伴。爸爸从缺位的爸爸变身为全能奶爸。这一切都要归功于用心的感谢,家庭需要夫妻双方用心经营。

**案例三:改造"三不管"老公**

爸爸以前是个"三不管"的人,不管家,不管孩子,不管老人,一切以自己为主。而妈妈又是一个事事都要操心的人,所以两个人总是吵架,而且妈妈的脾气很暴躁,像鞭炮一样一定要炸完了才结束,爆炸的过程中会说难听的话、做过分的事。自从学习写感谢信，妈妈觉得自己在慢慢改变，特别是脾气，生气的时候会等情绪过去了再说话。对孩子生气了，妈妈也会跟他说"对不起，妈妈不是故意的"。慢慢地，妈妈变得温和了，也不会逼着爸爸做这做那了，还会体谅他的辛苦。爸爸也开始改变了，会叮嘱妈妈走路要走路边，要看着点儿车，担心妈妈零用钱不够。虽然都是一些小事情，但是让人觉得很幸福。

### 案例四：治愈家暴的童年阴影

琪琪的妈妈写了一段时间的感谢信后，这样说道："写了一段时间的感谢信，让我觉得好有力量。老公真的就像宝藏一样，就看你如何去挖掘。感谢信也从以前的看人家的模板写，到现在真心去发现、去感谢，整个人的能量都变了，变得温柔了，老公也会时常在一些细节的地方提醒我、关心我。

"曾经的我都快对婚姻绝望了，看不见出口，觉得没有什么能拯救我们了，甚至去约了心理医生。试着写了一段时间的感谢信，中间也曾质疑过，为什么别人写了就有效果，而我们还是这样没什么变化，但感谢自己愿意继续坚持写。当时就是抱着试试的心态，没想到会有现在这样的效果，自己也觉得情绪稳定了很多。

"现在是从心底里去发现对方的好，所以现在写感谢信都是由衷的感谢。因为我知道他（爸爸）的原生家庭给了他很多创伤，他爸爸总是家暴他妈妈，他的童年很痛苦。"

## 写感谢信的过程中可能会发生什么？

一、对方完全不回复你的信息，因为他（她）担心你是一时兴起，想套路他（她），所以他（她）想静观其变。别担心，请继续坚持。

二、对方会回复些不好听的，比如："你吃错药了？""你发烧了吗？说吧，想让我做什么？"打破平时的语言模式，他（她）非常不适应，正说明两人平时给予对方的欣赏、感谢太少了。不要太在意他（她）回复的信息，而是观察他（她）行为上的变化，依据行为的变化再写感谢信，就会形成一个良性的正向循环。

三、如果吵架了，还要继续写感谢信吗？我们可以转念：太好了，吵架更要写。吵架还写感谢信对方才出乎意料，意想不到的感谢效果会翻倍。"老公（老婆），今天吵架我语气很差，我提醒了两次让你洗碗，你都没做，我感觉自己的话没有被重视，心里很难过。但我还是很感谢在我最生气时，你没有走开，也没有指责我，我知道你一直都在包容我的坏脾气。"要学会试着去看到坏事情里已经做到的努力，可能对方会带给你惊喜。如果有一天妻子真心地说："老公，遇到你我很幸运，我很高兴嫁给你，此生我都没有后悔过。"这些话会让男人的肾上腺素飙升，好老公都是欣赏出来的。

好老婆都是爱出来的。"老婆，谢谢你为咱家的付出。以前你都不会做饭、做家务，现在啥都学会了。老婆，有时候我很心疼你。老婆，我爱你。"爸爸把这些话挂嘴边，幸福就会常常光临。

最后，记得提出具体的要求会更有效。在家人之间不用争论对错，妈妈要记得：幸福的女人懂得不抱怨，而是会提具体的要求；对男人提要求一定要具体，不要说"你要关心我，你从来都不懂得关心人"，这是指责，不会带来负责。可以说："我希望你下了班不只是抱孩子，还要抱抱我。这样我会很开心，也能给孩子做一个好榜样，以后他也会像我们这么幸福。"

"看到我累时，请说：'老婆，你辛苦了，你去坐着休息五分钟。'这种话我很喜欢听。或者我跟你说话时，你愿意放下手机听我说五分钟。这样我就会感受到你对我的耐心，我就会觉得很幸福了。"

要求越具体，对方越容易做到。男人非常需要女人温暖的鼓励，这会让他更有动力。所以说好女人是男人的社会大学。

在平常的生活中，我们如果都能用一双发现优点的眼睛去看待身边的人，并及时表达感恩和感谢，双方关系就会变得更加融洽。在这样的环境中成长的孩子，也会带着一颗感恩的心，将来走入社会，他也会是一个温暖的、让人感到舒服的人。

## 育儿小课堂

### 085

# "太好了，遇到麻烦事了。"

如何培养一个乐观的孩子？推荐家长把"太好了"当作口头禅，每天从各种事情中发现"好的部分"，你和孩子都会越来越乐观。

### 案例一：转换思维方式，孩子从失误中成长

陶陶吃饭时把一个碗碰到了地上，摔碎了。平时妈妈肯定会责备他不小心，可是今天妈妈变了。

妈妈说："太好了……"

话还没有说完，儿子接了一句："又有一次成长的机会了。"

妈妈说："是的，太好了，碗没有伤到你，你还有一次成长的机会，你知道下次该怎么做才不会摔碎碗了吗？"

陶陶回答："我知道下次不能把碗放边边上了。"

妈妈很惊讶，他居然能脱口而出妈妈接下来要说的话，因为昨天他把水洒床上了，妈妈说："太好了，你又有一次成长的机

会了。"

妈妈很喜欢这种思维方式，这能养育出一个乐观的孩子，这就是妈妈希望的。语言的力量真的很神奇！

## 案例二：孩子无意中受伤了，怎么办

一天，妈妈去接晨晨放学。他出了幼儿园大门就着急忙慌地跑到妈妈的电动车旁边，结果不小心撞到了把手上，嘴一瘪，捂着头准备哭……

妈妈说："哇，太好了！"

晨晨愣了一下，抬头看妈妈。

妈妈："宝宝，太好了，虽然撞到头你有点疼，但妈妈发现你长高了，之前都撞不到的。哇，你长高了，一定是因为在幼儿园吃饭乖、睡觉好。上幼儿园也太好了吧！"

晨晨："是呀，我吃了一大碗饭，乖乖吃饭就能长高，我也好好睡觉了。"

妈妈："嗯，宝宝上了幼儿园学到了很多新本领，真好。"

## 案例三："太好了"的故事

早上送清馨去学校时，妈妈利用在路上的时间跟她聊天。

妈妈首先表扬她虽然不喜欢读经典书，但是也坚持读了一千多天了。

然后说，每个人都有不喜欢做的事情，比如爸爸不喜欢天天上班，那么累，可是不上班怎么挣钱养家？

妈妈不喜欢每天煮饭煮菜，也想静静地躺着看电视剧，可是不做饭，全家人都要饿肚子，所以必须做。

只有把自己不喜欢做的事情做好，才有机会选择去做自己喜欢的事情。

清馨听完后很赞同地说："对哦！"

接着，妈妈又给她讲"太好了"的故事。

妈妈想：自己每天用乐观的心态教育孩子，能起到一些好的作用。如果能让孩子和自己的心态都好，那不就是"事半功倍"了吗？

妈妈讲完"太好了"的故事，然后再结合自己的几个故事告诉她，凡事都有好的一面和坏的一面，"福祸相依"的道理我们都懂，我们要学会看到每件事情中好的那一面。

清馨听完了说："妈妈，你说得太好了，很有道理，好心态太重要了。明天就要期中考试了，我考全班倒数第一的话就太好了。"

妈妈知道女儿是在开玩笑，一直以来，她的成绩都是班里前几名，有时候会是班里第一名。她这样说，不知道是不是故意的。

妈妈才不生气呢。妈妈有智慧锦囊——"太好了"，在心里默念着，帮助妈妈成长的机会又来了。

妈妈思考了一小会儿，很平静地说道："考倒数第一也可以说'太好了'，为什么考倒数第一就不能说太好了呢？可以说的。假如这次期中考试得全班倒数第一，幸好只是期中考试，而不是期末考试，也不是中考、高考。现在考不好，肯定是学习方法错了，是在提醒我们改变学习方法，从现在开始总结一套系统的学习方法，能让我们在重要的期末考试、中考或高考中取得更好的成绩。至少一切都还来得及！"

说完这番话，妈妈都怀疑自己是"观音菩萨"附体了，说"太好了"能让自己这么有智慧。

清馨听完妈妈的话，豁然开朗，说了一句："妈妈，你说得太有道理了。这'太好了'真是太好用了。"

第二天晚上，清馨拿回一张 98 分的数学期中测试卷，全班最高分。老师让孩子们把试卷拿回去给家长签字。

妈妈调侃道："说要得全班倒数第一，结果得正数第一了，事与愿违啊！"

清馨笑道："最高分也不能太骄傲，要稳住，等期末考试才能见分晓。"

"女儿说得对，胜不骄，败不馁，此乃英雄也。"说完，母女俩哈哈大笑起来。

# Chapter 7

## 让孩子学会自主学习

## 086

## "你会写漂亮字啦！"

孩子刚开始学写字，家长认为让孩子培养好习惯特别重要，总是盯着孩子不要写出格，注意笔画，"这个字怎么东扭西歪的，擦掉重写"，孩子越写压力越大。

若想要孩子学习好，希望家长把握住大原则：偶尔批评，常常鼓励，总是爱他。批评要少，鼓励要多，不把孩子的学习成就当作被爱的资格。

在学习写字这件事上如何鼓励孩子呢？

第一步，欣赏孩子写出的漂亮字，邀请孩子写漂亮字本。

**"我发现有几个字写得真漂亮。这个字写得横平竖直，都刚好在方框里。"** 在一堆写得不规范的字里，找到符合标准的字。既鼓励了孩子，还让孩子明确了好字的标准。

"我好想把它们留下来，但是明天要交给老师了。你能帮妈妈把这几个字写在漂亮字本上吗？"

孩子写完，家长要如获珍宝地把漂亮字本拿来欣赏："以后你的字会很值钱，我要收藏起来。"这些鼓励的话语会让刚开始写字的孩子受到极大的鼓舞。

第二步，鼓励孩子每天写更多漂亮字，让孩子慢慢进步。

**"昨天有五个字你写得特别漂亮，今天看能不能有更多的字写得像它们一样漂亮。"** 让孩子学会跟自己比，这样孩子会越来越有目标和进步方向。

第三步，当孩子写不好的时候，要宽容，永远相信孩子是有潜力的。

**"孩子，今天你肯定写得特别急，所以字不太漂亮，对吗？其实你可以写得又快又认真。妈妈相信你会写得越来越好的。"**

学习写字是一件漫长的事，重要的不是现在就做到，而是喜欢学，持续学，终身学习才是赢在未来的根本。

下面，我们来看看睿睿的故事。

睿睿6岁时妈妈给他报了书法课，他上了五节后发现实在不喜欢，就让妈妈退了课。妈妈也不焦虑，尊重孩子的选择，但是过年的时候还是坚持让孩子给家里写春联（之前上书法课有点儿功底），这样可以让孩子把写字联系到日常生活中。

当睿睿上三年级的时候，字越写越好，平时家里要签个字、写个购物清单，妈妈都喊睿睿写，说他字写得好。

某次睿睿的作业又得了优秀，妈妈拿着作业本向家人炫耀："哇！奶奶你看，这字是不是赏心悦目？咱家睿睿也没上过书法课，就靠自己努力练习，真的是给家里省钱了。"睿睿在一旁什么都没有说，但每年都会抢着给家里写春联。

## 087

## "你盯着墙在思考作业上哪道题啊?"

很多孩子写作业容易分心,一会儿要上厕所,一会儿要喝水,一会儿找父母聊天,一会儿发呆玩橡皮。父母最生气的不是孩子不会做题,而是在学习过程中开小差。儿童的自控力本身就比成年人差,正处于不断发展的阶段,父母要放轻松,想办法帮助孩子提高自控能力。假设是妈妈在看孩子写作业,可以这样做:

第一步,写作业前排除干扰。孩子开始写作业前,妈妈可以问孩子:"妈妈知道你特别想专心坐下来写作业,就是有些小事会来打扰我们,对吗?"写作业前列好清单,把喝水、上厕所这些小事完成,清空干扰物,桌面上只留必需文具。

第二步,妈妈在一旁看书,静静地陪伴孩子,营造出学习的氛围,同时可以避免时时刻刻紧盯孩子,给孩子造成压力或者干涉太多,让孩子产生对抗情绪。记住父母是陪孩子学习,而不是盯着孩子学习。

第三步,允许孩子偶尔开小差而不批评,孩子走神时提醒:"你在思考哪道题啊?你写到第几题了?"简短提醒,能把孩子的心思拉回来即可。

第四步，强化、肯定孩子已经做到的成就。

孩子小声说："妈妈，我要上个厕所。"

孩子知道父母不喜欢他在写作业的时候做别的事，所以在提需求时他一定是不好意思、很担心的。即便我们提前做了学习前的准备，还是会有别的状况出现，尤其是当孩子遇到难题、学习疲累时，他也会想逃避。

"好的，不过妈妈要先表扬你，刚刚你有八分钟的时间都在特别专注地写作业，谢谢你让妈妈有八分钟安静看书的时间。妈妈看看写了多少？写了三行呀。现在去吧，等回来再继续！"强化已经取得的成就，会鼓励孩子更快回到学习状态。

## 088

## "这么难的题你都做对了。"

"这么简单的题都写错了,你就是太粗心了!粗心一定得改正,不然考试很容易丢分,知道吗?现在把错题写到错题本上。"这些话我们一定非常熟悉,父母检查作业就像一个纠错队长。孩子在父母的纠错中,头变得越来越低,心情越来越沮丧。后来,孩子非但没改掉粗心的毛病,还增加了不爱检查作业的问题,因为孩子很反感父母让自己做错题本。

爱纠错的父母会破坏孩子的能量,让孩子讨厌学习,喜欢玩游戏,因为游戏里没有人会批评他、纠正他,游戏里只有鼓励和及时反馈,闯关成功还有礼物和装备奖励。孩子越玩心情越好,能量越多。

所以建议大家都学会做"游戏机式父母",多鼓励少批评,多说对少纠错。

比如,检查作业时可以说:"这道题是怎么做对的?这可不是一道简单题哦。"

当父母的焦点是正面的,孩子就会正面看待自己。"因为我上课认真听讲了，这道题和例题一样，我一算就出来了。"

父母可以像游戏里设置的那样，及时强化：*"宝贝，谢谢你把难题都做对了，我检查起来好轻松。谢谢你自己上课认真听讲，所以自己写作业也很轻松。"* 孩子听到开心得不得了。

那要是发现有错题该怎么说呢？

父母可以边检查边连连点头："不错，宝贝你今天绝大多数的题都做对了，只有三个小坏蛋藏在这一页，你能找到吗？考验你的时候到了。"

做错的题就是小坏蛋，把纠正错题变成寻找小坏蛋的闯关游戏，孩子觉得很新奇，就有了兴致。

当孩子成功找到小坏蛋的时候，父母可以说："哇，你的观察力不得了，果然是火眼金睛。"孩子就像闯关成功一样有成就感，慢慢地，他就愿意自己找错题了。

这就是做错了题不要批评，多鼓励孩子的有效成果，最后邀请孩子把错题写在错题本上。"孩子，做错的题是今天写作业最大的收获，因为把错的题找出来，确保自己以后不再错，这就是考高分的秘诀。写作业就是把所有还没掌握的知识找出来的最好途径。还可以把错题写到错题本上，搞定错题就会增长自己的智慧哦。"

另外可以在第一天、第三天、第六天、第十五天，再翻一遍错题本，按照这个时间规律可以在最大程度上帮助孩子掌握与错题相关的知识点。期末复习时只需要复习错题本就可以，真的是事半功倍。

## 089

## "让脊柱长得直直的。"

很多孩子写字的时候坐姿不端正,家长不断提醒:"坐直,注意保护眼睛。"这样不仅会打乱孩子写作业的节奏,也会影响孩子学习的心情。家长们可以试试用以下方法来纠正孩子的坐姿。

### 硬件方法

第一,可以深度加强身体锻炼,比如让女孩学习舞蹈,让男孩做体能运动。只要锻炼好背部和腰部力量,就有助于孩子坐得更直、更久。

第二,可以购买防低头纠正器,在硬件上给孩子必要的帮助。

### 软件方法

第一步,要让孩子理解为什么要坐直了学习:"孩子,你背后有一根脊柱,你坐得直,它就像小树一样长得直直的,否则会变成歪脖子树，你愿意这样吗？"

还可以带孩子去观察生活中长得笔直的树和长歪的树，让孩子深刻理解坐直的必要。或者跟孩子一起做实验，找到一株细长的小树苗，把它压弯 10 分钟，放开手会发现小树苗变得弯曲，不再笔挺。然后跟孩子探讨其中的原因："它只被压弯了 10 分钟，脊柱就变形了，你现在就跟这株小树苗一样，还在幼年，每天坐得东倒西歪的，长大后会变成什么样？"

第二步，树立梦想，鼓励孩子朝着梦想的方向努力："你喜欢的解放军叔叔、警察叔叔都有笔直的背，而且他们的眼睛都保护得很好，你想跟他们一样吗？有什么办法可以提醒你坐直呢？"（写纸条提醒自己。）

第三步，欣赏孩子努力的过程："我发现你有进步哦，今天坐直写字坚持了 10 分钟。我只提醒了你两次，比昨天进步了哦。"

## 090

## "不管你考多少分、多少名，我都爱你。"

孩子回到家后大声说："妈妈，我考了 100 分！"我们该怎么回应孩子？大多数家长的回应是"孩子你真棒！"或者"真的吗？给我看看"，父母表现出非常开心的样子。但这些都不是特别好的回应，前者太笼统，没有夸奖的效果，后者会让孩子认为你爱成绩超过爱他：我考得好，爸爸妈妈就高兴，考不好，他们就不高兴，所以分数比我重要。

父母应该试试这样说：

"不管你考多少分、多少名，我都爱你。"给孩子安全感。

"在我心目中，你本身就是个有潜力的孩子 / 超级会学习的孩子。"给孩子价值感。

"考 100 分可是不容易做到的事，你是怎么做到的？"让孩子独立思考，总结成功经验，最后变成他可以复制的成功经验。

年龄小的孩子，父母可以帮助他总结过程："第一，你提前预习了，把不理解的部分提前圈出来，上课认真听；第二，你认真复习了，有一天你复习到了晚上 10 点；第三，你把错题本上的题目都弄懂了。"像这样帮助孩子慢慢总结学习经验。

孩子又问："那我考了100分，妈妈你高兴吗？"

大多数家长会直接回答"高兴啊"，但更好的回答是："宝贝，你考了100分，你高兴吗？"

孩子回答："高兴。"

**"那我就高兴。我家宝贝高兴，我就高兴，我喜欢看你高兴的样子。"** 让孩子知道父母不是因为他考了满分高兴，而是替孩子高兴，孩子会相信父母非常爱他：爱我本来的样子，与分数无关。

## 091

## "需要爸爸（妈妈）的什么支持吗？"

"这么多作业我写到明年都写不完，作业太多了！"听到孩子烦躁的抱怨，父母的第一反应一般是：这孩子学习态度有问题！作业再多，都不可能写到明年，还不是因为他一直玩？现在才知道来不及了，要是先写作业再玩，作业都写完三遍了！

父母不理会孩子的抱怨，实际也在压着火气，如果孩子再喊一次"语文老师为什么要布置这么多作业啊，讨厌死了！"，或者孩子发呆、上厕所，做和作业无关的事，父母肯定会大爆发："知道时间来不及了，还不赶紧写！老师布置的作业肯定是能完成的，你今天就是开始写作业太晚了。现在别东摸西搞的，快点儿写！"

不出意外，大多数孩子会借机放下作业跟父母争执，作业问题变成亲子冲突问题。最后，要么孩子哭哭啼啼写到很晚，要么父母气得肝疼，晚上失眠，亲子关系再一次受损。

真的是作业问题让我们痛苦吗？其实不是，是沟通的问题，是情绪受阻的问题。情绪受阻是因为父母常跟问题一起打败孩子，而不是跟孩子在一起打败问题。孩子抱怨的背后有情绪，情绪的背后有期待。父母只有"听懂"孩子的期待,才能跟孩子一起打败各种问题。

下面,我们来看看敏行的故事。

"妈妈,这么多作业我写到明年都写不完,作业太多了。"

"听上去你有点儿着急了,需要妈妈的什么支持吗?"

"吃个棒棒糖吧。"

"好。"妈妈爽快地给孩子拿来糖果,在作业压力面前,吃糖果可以使人心情愉快,帮助孩子缓解压力。

"妈妈,时间来不及了。我描红,你在我耳边读古诗,帮我磨耳朵吧。"

"好。"

"妈妈,我现在同时做三件事:第一是描红;第二是听古诗;第三是爱你。"

一句爱你,说明妈妈全程跟孩子站在一起,打败了作业问题、烦躁问题。孩子很快写完作业,亲子关系也变得更好。

"他抢走你的玩具,你感觉害怕,这件事你想怎么解决?需要爸爸的什么支持?"

"同学嘲笑你,给你取绰号,难过了是吗?需要妈妈的什么支持?"

父母要常常提醒自己,孩子遇到问题,不要先责备,而是要先帮助孩子,可以试着说:"亲爱的孩子,需要爸爸(妈妈)的什么支持?"

## "你数学好棒啊！"

孩子学习数学一定不是从 1 数到 100 这么简单，会数数只是说明孩子记住了数字，而不是理解了数学。数学启蒙最重要的是数感，即对数学有感觉和兴趣。

### 培养数感的方式

一、上楼梯数数，上一层数一个数，让孩子理解一一对应的关系；数水果，数家里吃饭的人数。如果孩子数完后能准确说出总数，就说明孩子完全理解了一一对应的数量关系。家长此时可以种下好种子："哇！**你数学好棒啊！**帮我们数清楚有四个人吃饭，可以准备四副筷子，你来分筷子和碗吧。"

二、让孩子按电梯，理解数字的排序，数字大在上面，数字小在下面，-1 就是停放电动车的地方，再往下 -2 就是停小汽车的地方，所以 -1>-2。千万不要着急，孩子要花好几年才会真正理解数位。孩子 2~5 岁时可以引导他："我们家在 15 楼，你的好朋友家在 8 楼，谁的家高啊？""地下一楼是在我们家上面还是下面啊？"时不时地跟孩子讨论关于数字的话题，孩子的数感就会越来越好。

三、孩子 3 岁以后，可以在生活中多使用数学语言，比如："盘子里一共有几颗草莓，平均每个人可以分到几颗？""总共，相加，相减，平均分"这些都是数学的书面语，多多使用会让孩子在数学课上更容易理解一些概念和算法。

四、多玩乐高、积木、七巧板，多爬高钻洞，都有助于发展孩子的空间感，锻炼其几何空间思维。

## 培养孩子对数学的兴趣

兴趣是最好的老师，孩子对数学的兴趣一定是源于父母的鼓励和学习中的成就感。

父母可以在孩子 6 岁前常常给孩子种下好种子："你数学好棒啊，已经会算术啦！"

"你给每个人分了两个橘子，你数学好棒啊，和你爸爸一样棒！"

"你怎么知道零的后面是 -1 的？哇，坐电梯发现的秘密啊，原来你数学这么好啊！"

常常像这样说，孩子对数学从小就会有好感，保持对一件事深厚的兴趣就是最好的启蒙教育。

学习的成就感源于成功解决难题！尤其数学是跟生活紧密相关的，若想让孩子学习好，一定不能只是学，还要学以致用！不要只是学知识，而是要会用知识。这样知识会越来越有用，孩子将来也不会质疑学习有什么用。

比如可以让孩子做一日游预算，帮忙计算点外卖的优惠，或者优惠券的最佳使用方案。"数学好有用啊，你帮妈妈省了 80 元。"

## 093

## "哇，你上了一天学，又变好看了。"

孩子上幼儿园哭是很正常的事情，尤其是 2 岁上托班的孩子，哭一个月都是正常的。孩子刚上小班会哭，因为孩子有分离焦虑，一般的孩子需要 1～2 周来适应，有的孩子需要一个月时间来适应。但也有些孩子会哭一学期，甚至整个幼儿园 3 年都是用哭闹的方式抗拒着不想去，这是因为父母的一些错误做法，拉长了孩子分离焦虑的时长。

孩子有入园焦虑，是因为父母把大部分的注意力放在了上学前孩子的哭闹上。如果上学是一部电视剧，校门口撕心裂肺的哭闹就是整部剧作戏剧性最强的部分。它很抓人眼球，但它不是电视剧的全部。我们使出浑身解数想搞定上学前的哭闹，却往往忽略了放学后的平静。

所以，解决入园焦虑就要做到：第一，把孩子上学前的哭闹看作正常现象，用平常心去对待；第二，父母多陪孩子玩高质量的游戏，补足孩子的安全感，推荐多玩"重逢狂喜"游戏。

下面，我们来看看豆豆家的故事。

豆豆刚上幼儿园不久，一天，爸爸妈妈一起去接豆豆，妈妈张开怀抱说：**"一天不见，宝贝上了学，又变可爱了，妈妈抱抱。"**

爸（着急）："该轮到我抱豆豆了吧？你都抱半天了。"

妈："再等会儿，我还没抱够呢。"

爸（使坏）："好像有只大蚊子，快把它抓住，我帮你抱豆豆。"一把抱住豆豆，"终于轮到我抱了，一天都没见你了，真是太想你了。"

妈妈找豆豆帮忙，成功抢回孩子。

爸（气呼呼）："轮到我抱豆豆了，我都想他一整天了。"

妈（不同意）："我也想他一整天了呀，我还没抱够呢。"

"看豆豆有没有什么好办法。"

"你们两个一起抱我，扛着走。"

孩子在这个过程中会感受到父母强烈的爱，父母的爱是让孩子独立的原动力。

孩子体验到上学后会跟父母分离，而分开的时间是各自成长的时间，虽然分开但不会分开很久，每天都会重逢，重逢时刻的快乐会翻倍，这就叫重逢的狂喜。常常和孩子玩这个游戏，孩子会知道：父母送我去学校，并不是要抛弃我，他们依然非常爱我。

怎么见缝插针地让孩子感受到爱呢？

比如，妈妈下班回到家，可以对孩子说："我的小宝贝呢？快来给妈妈亲一口。"

又如，妈妈在家工作，孩子要陪玩时，妈妈可以说："虽然妈妈非常想工作，但还是我的宝贝比较重要，妈妈先陪你玩五分钟还是十分钟再工作呢？你来决定吧。"

再如，孩子睡前，妈妈可以说："宝贝，妈妈爱你哦，祝你做一个蜂蜜味甜甜的梦。"

让关爱的语言充满孩子的生活，孩子会变得更有安全感，也会更有勇气独自面对离开家后的生活。

如果只能妈妈一个人去接孩子放学，重逢狂喜游戏可以等到爸爸下班后进行。当然也可以选择家庭的其他成员，比如妈妈和奶奶一起玩。只要让孩子常常感受到稳定的爱，他的安全感就会发展得更好，分离焦虑很快就会过去。

# 094

# "上了幼儿园就是不一样。"

孩子不爱上幼儿园,父母需要做的是种下孩子对幼儿园好感觉的种子,常常欣赏孩子"上了幼儿园就是不一样",把功劳送给幼儿园,无形中就让孩子越来越喜欢上幼儿园,因为感觉好,心情就好。

## 案例一:强化孩子表现好的地方

今天早上起床,晓晓咳嗽、鼻子不通气,妈妈抱起她说:"宝贝,生病了,有些难受吧?"

晓晓说:"嗯。"

"妈妈好心疼,妈妈昨晚不该给你洗澡。来,妈妈抱你去客厅,然后给你找药。"

晓晓:"嗯,好的,妈妈。"(晓晓特别配合,妈妈心想这孩子平时会赖床,还会发脾气呢。)

妈妈给晓晓拿了药,等她吃完后,妈妈问她要不要看一会儿电视，妈妈心里想：今天就不勉强孩子刷牙洗脸了。妈妈把电视给她打开，然后去洗漱了。过了一会儿，晓晓自己过来了，说："妈妈，我要自己刷牙洗脸。"妈妈当时愣住了，然后高兴地说："好呀，我的宝贝上了幼儿园就是不一样，今天你的自理能力有进步哦。"

晓晓就自己去刷牙洗脸了。

## 案例二：孩子与妈妈分享上幼儿园的日常

这天早上，遥遥对妈妈说："妈妈，我想去幼儿园，幼儿园里好好玩。"

妈妈："哦？你都玩什么呀？"

遥遥："玩好多玩具，还会做操。老师带我们在外面跑步，跑一会儿我肚子饿了，就去吃饭了。睡完午觉，我肚子又饿了，然后就又可以吃饭了。"

妈妈："看来幼儿园里的饭很好吃啊，好想尝一尝。"

遥遥："王乐乐把一碗饭倒在桌子上，梁老师说不让王乐乐回家了。"

妈妈："啊？不让回家啊！"

遥遥："我好好吃饭，就可以回家了，老师都不说我。"

妈妈："你还知道怎么做老师不会说你，你真是个小机灵鬼。"

遥遥："我喜欢欢欢老师，不喜欢梁老师。梁老师会生气。"

妈妈："你知道为什么梁老师会生气吗？"

遥遥："因为王乐乐把饭倒了。"

妈妈："梁老师要照顾你们那么多小朋友很辛苦的。她希望你们快快吃完饭,好好睡觉,开心做游戏,希望你们健康、快乐!小朋友不好好吃饭,她着急。"

遥遥:"我不会让她生气,我都吃完了。"

妈妈:"**妈妈觉得你做得很棒,上了幼儿园学到了很多新本领。谢谢你跟妈妈聊天,我很喜欢听你说幼儿园的事情。**你能跟你喜欢的、不喜欢的老师相处,这是个很了不起的本领,妈妈很欣赏你。"

遥遥:"妈妈,我太喜欢我们幼儿园了。"

## 095

## "幼儿园里没有妈妈。"

孩子说幼儿园里没有妈妈，不想上学怎么办？我们用以下四步来引导。

第一步，当孩子说他很想念妈妈的时候，妈妈可以对孩子说："宝贝，你长大了，会关心人、会表达爱了，你这个是思念的情绪。我很高兴听到你这样说。来，我的宝贝，让我抱抱。"这一步很重要，会让孩子知道他表达情绪是安全的。而且，他的情绪被看见了。看见情绪就等于治愈情绪，这样他就不会有任何负面的情绪压在心里，身心会很健康。这一步做到位，很多孩子的情绪就会消散。

第二步，妈妈可以对孩子说："宝贝，你知道吗，我也很想你。我在家吃饭的时候就会想，我的宝贝今天会吃什么饭？我在家拖地的时候就会想，今天宝贝在幼儿园会不会给老师帮忙？我想了你10次。在跟你分开的时间里，我做了好几件事情，我完成了扫地、拖地、看书，还有听课，我觉得今天一天长了好多本事，所以我非常开心。宝贝，今天你在幼儿园里面长了什么本事？"

这时候，不管他说做了什么事情，妈妈都要拿一支笔和一个本子记录下来，这个就是他的上学长本事日记。这样做可以帮助孩子理解自己和妈妈分开是因为要各自去学习本领，各自去做更多的事情。到这一步，情绪基本就处理完了。

第三步，如果孩子还是想念妈妈，那怎么办？妈妈可以跟孩子说："宝贝，你有没有观察到在你的学校里，还有哪些小朋友也会想妈妈，他们是怎么样的？"引导他去观察。让他知晓，原来想妈妈是一件很正常的事情，别的小孩也会想。然后提出问题"我们怎么帮助其他小朋友"，帮助其他小朋友的过程，其实就是帮助他自己。如果妈妈直接说要帮助孩子，他就不愿意积极想办法了。这就是不能直接教儿童方法，而要用绘本讲别人的故事的原因，孩子会自然习得故事里的方法。

第四步，怎么能帮助其他小朋友喜欢上幼儿园呢？跟孩子练习有困难想办法的技能，父母可以答："因为想妈妈，所以决定不上幼儿园了。"当父母一上来就提出这个最糟糕的办法的时候，孩子就只能想别的办法了："可以让妈妈第一个来接。""还可以带妈妈的魔法亲亲去学校，或者可以忍一忍，放学的时候就可以见到妈妈了。"在这个过程中，孩子想到足够多的方法。父母再拿上毛绒玩具来进行情景演练，效果会更佳。

## 096

## "老师，孩子特别听你的话。"

家长跟老师沟通有两个一定会踩的坑。

第一个坑：没事不找老师，一找老师就是说烦心事。第二个坑：从不请求老师的帮助，比如帮助"批评"孩子。接下来就教教大家如何避坑，让老师和孩子之间的关系更融洽，让孩子喜欢上幼儿园。

我平时和老师的聊天日常，有很多赞美与欣赏的话。

比如："李老师，小宝说他上中班了，要有大孩子的样子，所以要自己洗澡、自己睡觉。他说老师说了，自己的事自己做！"

"小宝昨天说李老师让他 8:25 前到幼儿园，今天他很早就起床了，一直记得要早点到幼儿园，因为迟到了就没有时间做早操了。小宝特别把李老师的话放在心上。"

其实我儿子的老师是一位刚毕业没什么经验的年轻老师，可我属于那种谁当我家孩子的老师，我对她就有超强滤镜的人。果然老师回复了我，说了小宝在学校里的各种优秀表现，字里行间就能感觉到老师超级喜欢他。我还经常表示："孩子能遇到李老师真是太好了。"

　　大部分人之所以选择当老师,是因为爱孩子。尤其是幼儿园的老师,都是一群天真的大孩子。家长常把孩子的好表现、好消息告诉老师,老师会更有幸福感。

　　又如,小宝有段时间常常不想上幼儿园,我发信息给老师:"李老师,小宝最近老说不想上幼儿园,真奇怪。你看咱们有什么方法引导一下他?"等过了两个星期,我会再反馈:"小宝说他很喜欢在幼儿园当开心小帮手,谢谢李老师和其他老师的教导,孩子最近越来越喜欢去学校了。"有沟通,有反馈,闭环式沟通会形成正向循环,有效解决问题。孩子周日一大早说:"妈妈,安全教育平台的课我还没看,老师说我们班只有两个人看了。我告诉爸爸了,他忘记给我看了。"我跟孩子说:"哇,自己的作业自己记得,你果然是个会自我负责的孩子。看来有时候爸爸也不靠谱,还好你一直记得,学习的事还是得靠你啊。"那天孩子主动看完课程后,我给老师发信息:"李老师,谢谢你周五跟孩子说他还没看安全教育视频。你跟他说了,他就会主动去做,他特别听你的话呢!"所以,我们老师都是直接批评孩子的不足,有任务也都是直接发布给孩子,做家长的特别省心。

## 097

## "老师,谢谢你主动说明孩子的情况。"

如果老师打电话"投诉"说你家孩子坐不住,家长千万不要火上浇油:"是啊,这孩子就是调皮,我们打也打了,骂也骂了,就是没用。给老师添麻烦了。"这样的话看似能让老师好受,却也抹黑了孩子,让老师对孩子的印象很差,认为你家孩子就是没救了。

遇到这种情况,家长首先要耐心地听完老师说的所有话。在倾听时,老师的情绪会消解一大半。另外在听老师讲话时,家长千万不要有负罪心理。

家长可以说:"**老师,谢谢你,遇到你真的是太好了。你真是位负责的老师,谢谢你主动跟我沟通孩子的情况。**我想了解,我家孩子是所有的活动都坐不住吗?现在,孩子能坐得住的时间是多长?我具体怎么做能帮到孩子?我想听听老师的建议。"

这样说,一是表明家长想了解客观事实,二是让老师知道家长的心情和老师的心情是一样的。真心感谢老师,让老师感觉到你是明事理、会配合的家长,这样的沟通才能真正解决问题。

跟老师沟通的过程中,不要强化孩子的所谓缺点,而是更关注事实，真心感谢老师的主动沟通。聊天结束的时候可以谢谢老师："麻烦你了，孩子好动会影响课堂纪律，谢谢老师提出的建议。我们回到家后会按照你说的试试，帮助孩子改掉多动的习惯。谢谢老师跟我聊这么久，我受益良多。"

晚上可以抱着孩子说："今天，我接到老师的电话了，她说你坐得住的时间有进步呢。原来是三分钟，现在都五分钟了。你能坚持坐下来的时间变长了两分钟。可是老师有时候还会批评你，是不是？"

听听孩子心里的想法，也许他心里很委屈呢。"你知道为什么老师在学校批评你，却跟妈妈表扬你吗？因为老师相信你会越来越好，老师期待你能坚持更久的时间坐下来认真听课，这样你听课的效果就更好了。全班30多个孩子，老师能给妈妈打电话，说明老师真的很重视你呢。"

家长是孩子和老师之间的桥梁，在桥梁两边都要说善意的话语。一方面保护了孩子对老师的尊敬与喜爱，另一方面让老师能够更真心地对孩子。

多多尝试用真心感谢老师的辛苦付出："老师，遇见你真的太好了！"

同时也要试着去体会孩子的委屈："被老师批评了，你也会难过是不是？愿意告诉妈妈发生了什么事吗？也许妈妈还能帮到你呢！"这样温暖有效的沟通会让孩子更乐于向家长倾诉，也能及时改善孩子自身的小缺点、小问题，帮助孩子更好地成长。

## 098

## "你确定这是你真正喜欢的吗？"

很多父母发现孩子在超市哭着闹着买来的玩具，回到家玩两下就丢弃在一旁，再也不碰了。父母觉得真浪费，下次再出现这样的情况，一定要拒绝孩子。

很多成年人在过年大扫除时，会发现很多护肤品都闲置了，有的甚至都没有拆封，衣服、鞋子也有只穿一次就再也不碰的情况。

因为很多东西其实并不是必需品，只是当时很想要，所以通常应当先满足需要再满足想要。

在满足"想要"时，要学会做选择、做取舍，不然就会出现买一堆，最后却浪费了的现象。让孩子学会做更准确的选择，需要给孩子锻炼的时间和机会，孩子不可能在一夜之间忽然明白了怎么做选择。所以在日常生活中，要给孩子自己做选择的自由。

孩子3岁之后，出门前，父母可以提前跟他约定好："今天出去可以买玩具，但是预算要在20元以内。"

等孩子抱了一堆玩具过来的时候，父母可以冷静地告诉他："好的，现在需要你挑选出今天最想买的，把其他的放回去。"

在这个过程中，孩子就会纠结、犹豫，反复比较，最好不要催孩子快点儿做出决定，给他思考和斟酌的时间。父母需要做的，就是耐心地等待他，在他拿回来超过一个玩具的时候，温柔而坚定地拒绝，直到他最终选择好一个玩具。

如果发现孩子把玩具带回家后就没兴趣玩了，父母可以引导他发现自己选择的玩具是不是真正想要的："上次买的红色消防车，你只玩了一天就不玩了，看来你不是真正喜欢它。"下一次再做决策时，可以提醒他："你确定这是你真正喜欢的吗？"

## 099

## "当这个针指到五,我们就要出门喽。"

很多家长经常对孩子说:"快点儿,我们要出门,你赶紧穿衣服。"这样的话,家长大概率会得到一个磨蹭的孩子。家长都收拾好了,才发现孩子还在玩小汽车,因为"快点儿"和"赶紧"都不是清晰的时间指令,孩子当然无法完成任务。

而时间本身是看不见摸不着的,孩子通常理解不了,他能直接理解的都是看得见摸得着的实物。所以,家长要培养孩子的时间观念,带数字的钟表和沙漏是特别实用的工具。

家长可以对孩子说:"我们要去动物园,当这个针指到五,我们就要出门喽。现在,你有哪几件事要做好,才能出门呢?"帮助孩子明确他具体要做的事项,中间再强化"很好,第一件衣服已经穿上了",或者提醒孩子"很好!第二件事情也做完了,接下来第三件事是什么"。

对于3岁之前的孩子,家长可以使用沙漏:"宝贝,这个瓶子里的沙子全部流光,我们就要把玩具都收起来。"

不在家的时候,没有沙漏如何让孩子感知时间呢?比起说"再玩五分钟就回家"，不如用手比画，"再玩这么长时间，差不多是你吃完一个苹果的时间，我们就要回家了"。

孩子哭闹时用这招很有效："我走开这么长时间，就会回来抱你。"（用手比画时间，孩子一目了然。）

孩子时间观念的建立是一个很慢的过程，先认识数字，认识钟表，用沙漏感知时间，再认识时间的顺序：昨天、今天、明天，星期一到星期天，从日、月、年逐步建立对时间的认知。家长不必着急，但要常常用时间语言跟孩子对话。

## 100

## "你像孙悟空一样厉害。"

5岁的安安很喜欢孙悟空,妈妈很发愁:安安总是喜欢模仿孙悟空的动作,小朋友们总以为他是在打人,就很不高兴,甚至有时候安安和小朋友就直接打起来了。真是不知道该怎么处理。

这时候,我们要学会用榜样的力量来引领孩子。

一、讲礼貌:"孙悟空每次化斋回来,总是第一时间给师父吃,我们要不要像他一样尊敬长辈?"

二、讲事实:"孙悟空从来不打人,他打的都是妖怪。"

三、找到共同点来欣赏孩子:"哇,安安现在越来越像孙悟空了,孙悟空是除恶扬善的英雄。你今天是拯救妈妈的小英雄,帮妈妈从快递站把两个包裹都搬回家了。"

四、激励孩子:"你现在跆拳道升到黄带了,果然是打怪升级的孙悟空。"

五、榜样的力量：如果孩子说"我不要学习，我要看孙悟空的书"，父母可以引导说："你要看孙悟空的书呀，原来我们家宝贝这么爱看书。看书也是一种学习，你看你最喜欢的孙悟空，他最厉害的是什么？对，他虚心学习知识，会七十二变，还会驾筋斗云，是不是？你现在学习书法等本领，就要像孙悟空一样勤学苦练，学一身本领，好不好？"

## 101

## "世界是由形状组成的。"

"宝宝，这是什么形状？"很多家长喜欢拿着积木问孩子，认为这就是在教孩子，其实要教孩子形状或知识，最好的课堂就是在生活中。比如你带孩子逛公园，"儿子，你看地上的砖头是什么形状？还有我们坐的长凳子是什么形状？是的，这个世界是由形状组成的"，仔细观察家里或者外面，一切事物都是有形状的。

家里有长方形的挂画、电视机、沙发、餐桌、酸奶包装盒，有圆形的灯、钟表、洗衣机滚筒……你和孩子在家、公园、商场玩"找形状"的游戏，孩子会非常快乐，而且学习得非常快，这就是最有用的课堂。

玩"找形状""找颜色"的游戏都可以有效锻炼孩子的观察力，观察力很重要，人类信息的输入78%靠视觉。视觉观察力强，对于未来学习看板书、记笔记都有帮助。很多孩子考试因为粗心丢分，往往是只看一眼就写答案，这是没有仔细读题的缘故。家长们要告诉孩子只看一眼是不够的，要仔细观察，就是从上到下、从左到右按照顺序一一观察。

跟孩子玩专注力绘本和找不同的游戏时，都可以使用仔细观察法。极力推荐跟孩子玩"观察力总动员"游戏：

早上，爸爸出门上班前，把孩子叫到跟前，让他从上到下观察爸爸的穿着。下班回家前，爸爸乔装一番，再让孩子来说出爸爸和早上看上去哪里不同。这个游戏既可以增进父子关系，还可以锻炼孩子的观察力，但注意游戏难度一定要跟孩子的能力相符，刚开始玩的时候要比较容易让孩子观察出来，慢慢地可以增加一些难度。

父母也可以和孩子在家玩观察游戏，比如排五个小玩偶，先让孩子仔细观察并记住每个玩偶的特征，然后拿走一个让孩子说出少了哪个玩偶，它的特征有哪些。生活中的游戏更真实有趣，多带孩子一起玩吧。

## 102

## "我们在花园里吃早餐。"

儿童主要是从体验中学习,所以孩子的生活体验必须丰富。家长们不需要花很多钱,也可以为孩子创造丰富的体验,给孩子丰富的感官刺激,全面促进孩子的大脑发育。

孩子说不想吃早饭,那我们吃特别的早饭啊。"我们在花园里吃今天的早餐吧",下一次我们拿着包子、鸡蛋,坐在公交车站吃,坐在小区长凳上看着人工湖里的荷花吃。换一种体验方式,孩子吃得津津有味,心里是满满的幸福。

我们坐在开了地暖的地板上吃火锅,在草地上铺个垫子,点上蜡烛、摆好蛋糕,庆祝星期四(每一天都值得庆祝,不需要特别的理由),我们可以在户外帐篷里读绘本,下雨天专门去踩水坑,去河里放树叶、看流水……

孩子常规的生日会就是买来蛋糕请亲人朋友一起唱《生日快乐歌》,吃蛋糕。我们也可以试试让孩子手写卡片邀请朋友们举办小区生日运动会,几家人围坐在一起,看着成长照片回忆孩子一年的"长大瞬间",并把祝福写在成长树上,让孩子看到自己的成长点滴。

  如果说日子太平淡，那是因为我们忘了给生活加点装饰。孩子的童年，一定要有一次"花园早餐"啊。

成长树

## 育儿小课堂 103

## "就知道你是有学习主动性的。"

这是一个真实的故事,一位三年级小学生的妈妈,照着"写作业情商心法"实践了两个月,把孩子从每天写作业到晚上 12 点,调整到了晚上 9 点前完成。在这个过程中,还点燃了孩子对学习的热情,孩子的习惯也越来越好。

那么什么是"写作业情商心法"呢?接下来详细介绍。

### 写作业前

妈妈真诚地跟孩子沟通:"宝贝,之前妈妈一直催你写作业,因为写作业打过你、骂过你,我知道你很委屈。是妈妈做错了,妈妈跟你道歉。同时妈妈要告诉你,从今天开始,妈妈就不催你写作业了。**妈妈相信你会主动坐下来写作业!**"

收到妈妈的真心道歉,孩子会很感动,但一般不会立即主动去学习。妈妈先种下相信孩子会主动学习的种子,就给了孩子一个良性的开端。

## 写作业中

从第二天开始,妈妈吃过晚饭就真的没有催孩子写作业,而是拿起家庭教育书自己阅读,营造了一种良好的家庭学习环境。

孩子一直玩到快 9 点才急匆匆坐到书桌前,这时妈妈放下书,温柔又喜悦地说:"妈妈就知道我的孩子是有学习主动性的,我看到你主动坐下来学习喽!"

孩子本来急躁的心被妈妈的话语瞬间安抚。这句话很有魔力,能让孩子感觉妈妈一直都是欣赏和喜欢自己的。这会更多地激发出孩子的正面行为,因为每个人都希望给别人留下正面、良好的印象。

孩子开始学习,妈妈继续静静地看书陪伴。

孩子说要去上厕所,妈妈说:"可以啊,你已经坚持专注写了 20 分钟,完成了 10 道数学题哦。谢谢你让妈妈安静地看了 20 分钟书。"

孩子发呆走神,妈妈轻轻拍他:"妈妈发现你在积极思考哦,你在思考哪道题啊?"

孩子想跟妈妈聊天,妈妈把手指放嘴巴上"嘘"。

## 写完作业后

"写作业情商心法"刚开始实施的时候,孩子还是会拖延到很晚,但妈妈要做正面总结:"今天你很努力,只用了一小时就完成了数学作业!""今天我们完成得很好,但写到 11 点,有点儿晚,

**明天我们会完成得更早。"**

慢慢地,孩子有时间就会跟妈妈一起下楼散步,更喜欢跟妈妈主动说学校的人和事,孩子也会多次表达"妈妈变了,我很喜欢现在的妈妈"。只要我们愿意学习,能很好地与孩子沟通,他们永远会向我们敞开心扉。

Chapter 8

# 二孩 / 多孩养育指南

## 104

# 多孩父母的五大角色

## 多孩家庭中，家长所扮演的角色

一、**领导者。帮助孩子们建立规则，建立好之后要及时退出，给孩子主导权。**

带孩子们建立家庭公约，比如"生气时要说出来"，"如果出现打人的状况，要暂停游戏"，"哥哥不可以打人，因为妈妈不希望家里任何人受到伤害"。

二、**端水大师。要在情感上多多去关照受委屈的孩子。**

差距在3岁以内的二孩，玩具、衣服尽可能一人一份，避免孩子之间的比较和争夺。

没有"大的必须让小的"这一说。

三、**鼓励大师。学会经常欣赏孩子已经做出的努力，鼓励孩子自主解决问题。**

"弟弟偷了我的笔，弟弟是小偷。"

"你希望弟弟在拿你的铅笔前先问一下你对不对？那我们是不

是可以让弟弟知道你的这个想法呢？"哥哥找到弟弟："你下次想用我的铅笔之前，可不可以先问下我？"

哥哥来告状："弟弟又忘记了，弟弟老是这样。"

妈妈："看来需要更有效的办法来帮助他记得，哥哥你很会想办法的，你能想到什么办法来帮助弟弟吗？"

"他下次再拿我的东西，我就也拿他的玩具。"

"哦，这是一个办法，还有其他的吗？"（先不要评判办法的好坏，鼓励孩子想出更多办法。）

"可以写个纸条，可是弟弟看不懂纸条欸。"

"哦，是啊。还有什么办法呢？"

"我把铅笔放得高一点儿，弟弟就够不到了。"

"天哪，你自己可以想到办法了，真棒，都不用妈妈出主意。"

**四、心理咨询师。两个孩子发生冲突时，父母要化身心理咨询师。**

帮孩子说出心里话，让疏导先于说教，以兄妹俩为例。

1. 哥哥直接抢妹妹的玩具，如果孩子不求助，父母则不参与。如果孩子向父母寻求帮助，父母可以这样对哥哥说：

"哥哥，你是很着急想要玩具对吗？如果哥哥好好问妹妹，说不定妹妹很愿意跟你分享呢。"

2. 哥哥抢了妹妹的玩具，抢完就跑。

"你知道妹妹跑不过你，因为4岁的她跑不过7岁的你，但7岁的你更懂得用礼貌的方式询问别人。你可不可以做一个示范给妹妹看？"

3. 当两个孩子发生正面冲突时，父母可以这样对哥哥说：

"哥哥，你很少对妹妹这么生气，可不可以告诉我发生什么事了？"

**五、旁观者。鼓励孩子自己解决冲突。**

父母要把自己当成观众,不要把自己卷进去,你是来看戏的,看两个孩子闹(只要没有生命危险),以兄弟俩为例。

1. 弟弟要找大宝玩,被拒绝。

"妈妈,哥哥不让我玩玩具。"

"这件事让哥哥来决定,不过妈妈相信哥哥一定知道你到底有多想和他一起玩。"

父母让哥哥自己来做决定,因为我们最终的目的,是让孩子自己灵活解决冲突。

2. 当你听到客厅里弟弟哭时,不要气冲冲地出去质问:"弟弟怎么哭了,哥哥你怎么他了?"

"哼,妈妈又批评我,什么事都是我的错,我最讨厌弟弟了。"

父母要像平和的旁观者那样,温和地询问:"妈妈听到有人在哭,需要妈妈帮忙吗?"

## 多孩父母一定不能做的事

**一、杜绝拿孩子做比较**

不要说下面这些话:

"弟弟真棒,哥哥1岁时还不会走,弟弟走得真稳。"

"哥哥小时候是个饭渣,还是我家妹妹厉害,吃饭不用大人操心。"

"弟弟嘴甜、语言能力强,哥哥老实、不会表达,将来要吃亏的。"

**二、不引入恶性竞争**

"妹妹已经吃完了,你还在那儿玩。你看看你妹妹比你小,吃饭都不用人操心。"

不要说上面这种话，不要人为引入恶性竞争，增加两个孩子的敌对情绪。

## 可以试着这样做

比如，哥哥刷牙速度变快了，父母可以说："哥哥刷牙的速度变快了，真是妹妹学习的好榜样。妹妹现在也拿起了牙刷，两个宝贝都不用妈妈操心，真好！"

又如，哥哥吃饭吃得慢，父母可以这样对哥哥说："看来你今天没什么食欲是不是？你可以自己决定要吃多少。"

这时候，如果妹妹来邀功，父母可以这样对她说："看来妹妹今天胃口不错，你吃完就可以下去玩了。"给做出好行为的妹妹更多自由权，同时激励哥哥也行动起来。

这样多多尝试，即使家里有多个孩子，也能做到孩子之间相处融洽。

## 105

## "这是妹妹送你的礼物。"

比起要二孩之前要不要跟孩子商量,更为重要的是要二孩前要想清楚一个至关重要的问题,处理好这个问题,就能规避二孩90%以上的问题,避免鸡飞狗跳的二孩生活。这个问题是什么呢?那就是谁来带大宝。

妈妈们一定要明白生二宝并不是经验的重复,而是完全不同的体验。第一,二宝生下来以后,你需要每天夜里醒来多次哺乳,白天想补觉的时候,大宝却要你带他玩。第二,两个孩子都争着要跟你睡,大宝睡得晚,搞得二宝也不睡,或者二宝夜哭时吵醒大宝,两个孩子都哭着要妈妈。你只有一个人,你要先哄哪一个?第三,二宝还在午睡,大宝幼儿园放学了,你丢下二宝去接大宝,又怕二宝有危险,带着一起去接就要牺牲二宝的睡眠。第四,两个孩子打架、吵闹,尤其大宝还是5岁前的小孩子,两个孩子天天闹,跟他们讲道理又没用。在你崩溃时,有没有人可以接盘?如果没有,你会不会把所有的糟糕情绪都发泄给孩子?

在二宝到来的第一年,你一个人带两个孩子可能比带一个孩子累三倍以上，所以要二孩的前提一定是人到位或者钱到位。钱到位能确保人到位，人到位就不太会出现崩溃的情况。所以，夫妻俩一定要先确定大宝有人带玩、带睡觉，并且大宝还能接受这个人，这样就可以考虑要二孩了。

如果实在没有人可以帮忙照顾大宝，那么最好是等大宝独立之后，再考虑要二孩。

第二个问题是如何让大宝更好地接受二宝。下面分享五个实用方法。

一、陪大宝看他出生后的照片，帮助他回顾他是如何被养育长大的，顺便让他理解二宝出生以后妈妈会同样为二宝做哪些事情。在孕期让大宝给自己端杯水，说弟弟（妹妹）要喝水，帮助大宝提前进入哥哥（姐姐）的角色，并经常表扬他："你真是个体贴的哥哥（姐姐），给妈妈送水喝，同时照顾了两个人。肚里的宝宝喝到水很开心，很谢谢哥哥（姐姐）呢。"

二、出院的时候送礼物给大宝。妈妈刚出院回家就送大宝一个他心心念念的礼物，告诉他："这是弟弟（妹妹）送给你的，因为弟弟（妹妹）特别感谢哥哥（姐姐）的照顾，所以弟弟（妹妹）特别健康。"这样哥哥（姐姐）对弟弟（妹妹）的感情会亲近很多。另外，亲戚朋友来看望时，注意力可能都放在了二宝身上，父母要多留意大宝的情绪变化。

三、让大宝参与照顾二宝，多欣赏大宝的好行为。"哥哥（姐姐）你教会弟弟（妹妹）翻身了，真是个好老师。""弟弟（妹妹）很喜欢让你抱着，哥哥（姐姐）一抱，弟弟（妹妹）笑得好开心。"用鼓励、赞赏的方式强化两个孩子之间良性的互动行为。

四、不缩短陪玩时长，关注大宝的失落情绪。二宝要睡觉，最好有人陪着大宝在另外一个空间玩。在大宝失落时，如果妈妈忙着照顾二宝没时间理会大宝，一定要有人回应大宝的情感需要。

五、允许二孩之间存在"相杀"的时刻，关系再好的兄弟姐妹也一定有争抢、打闹的时刻，而且年龄差越小，打闹越频繁。家长需要做好相应的心理准备，放过自己，放过孩子，等待他们慢慢长大，不必太焦虑。

## 106

## "妈妈只关心谁先解决了问题。"

### 二孩家庭，如何解决"争端"

兄妹二人有了矛盾，我们来看以下情况怎么解决。

**一、妹妹说："哥哥打我。"哥哥说："不对，是妹妹先动手的。"**

两个孩子在争执谁先做错的时候，父母不要进入圈套，应该先分辨事实："说清楚，到底是谁先动手的？"很多时候，充当法官角色的父母会很头疼，因为两个孩子会源源不断地输送"案子"。

1. 试着让他们自己说话，比如："看来你俩对同一件事的看法不同呢，谁先来说说？你们两个人的话妈妈都愿意听。"

2. 当两个孩子都争着要说话的时候，父母记得及时喊停。"我知道你有一双善于聆听的耳朵，不妨把你的聆听耳朵拿出来先听妹妹说完，谢谢哥哥愿意做榜样哦。"

3. 听他们说出心里话，积极倾听，同时试着理解孩子的情绪感受。

4. 鼓励孩子自己解决难题："我都听完了，接下来我比较关心谁先解决问题。我们现在的问题是平板只有一个，两个人都想看，谁有办法让两个人都开心呢？"拿张纸，把孩子们想到的办法写下来，这样孩子会更有解决问题的主动性。

二、妹妹说："哥哥打我了，但我没有使劲打他，我只是用书不小心碰了他一下。"

父母可以先对妹妹说："哦，被打到真的有点儿疼，哪怕哥哥不是故意的，但这个书碰到脸，你会觉得疼对不对？所以，你感觉他是故意的，那你就会更生气了。你有什么方法可以让哥哥知道你的感受吗？"试着去翻译孩子的心理和感受，鼓励孩子想办法，让孩子遇到冲突的时候越来越懂得自行解决。

然后对哥哥说："哥哥，你肯定没想过，这么做会打到妹妹是不是？那我们现在要怎么做才可以让妹妹好受点儿呢？"避免直接批评哥哥，鼓励他为自己的行为负责任，并欣赏他已经做出的努力。

## 案例：父母做错事，也要道歉

儿子跟爸爸吵了起来，儿子哭着喊："除非你跟我说'对不起'，不然我还要打你！"

爸爸迟疑了一会儿说："哦，对不起，是爸爸做错了。"

儿子眼睛红红的，冲过来，妈妈张开怀抱抱住他。儿子委屈地说："妈妈，爸爸用手打我的脚，我用脚踢他。是他先打我的，他还说我不能踢他！"（爸爸喊了儿子两次，他都没过来，爸爸烦躁之下就拍打了一下孩子。）

"所以，你特别生气，你觉得是他先做错，却来批评你，对吗？"

"对！妈妈你去说说爸爸吧。"

爸爸一脸无所谓，洗了把脸走过来，妈妈明确地说："我不关心谁做错了，我只关心谁先解决了问题。"

爸爸说："当然是儿子，他先说爸爸做错了要道歉，然后我就道歉了。"

儿子说："你道歉太慢了，我等了那么久，你才道歉。"妈妈看着儿子说："所以你希望爸爸下次更主动道歉是吗？"

儿子连连点头。

问题解决了，一家人开心地出门去看牙。

当家庭中出现冲突时，父母总是喜欢充当法官，评论是非对错，但其实更重要的是要充当问题的解决者，对错不重要，谁先解决问题更重要。面临亲子冲突的时候，谁先道歉、主动去沟通，谁才是真正的强者。试着多跟孩子说："谁先解决了问题，谁就是好榜样。妈妈现在只关心这个！"

谢谢花生共和本花提供此案例。

## 107

## "谢谢你给了妹妹一个安静的睡觉环境。"

### 案例一：妹妹要睡觉，哥哥来打扰

妈妈正在哄妹妹睡觉，哥哥闹着让妈妈陪。这时，妈妈可以按以下步骤做。

第一步，如实地说出结果："太可惜了，我本来可以快点儿出去陪你玩，但是现在咱们得重新开始了。"

第二步，试着翻译出孩子的心里话："这么快就想妈妈了是不是？一个人玩真的好无聊，好希望妹妹可以一下子就长到3岁。这样她就能自己睡了，咱们就可以一起玩了。"

第三步，启发孩子自己独立思考："你现在能不能想到什么好方法，既不耽误你玩，又可以让我哄妹妹睡觉呢？"

第四步，明确给出规则："嗯，这也是个方法。如果你可以不说话、不碰妹妹，我可以让你试一试。"

第五步，谢谢孩子做出的努力："谢谢你给了妹妹一个安静的睡觉环境。"

智慧的父母常常记录孩子表现比较好的小事情，下次鼓励他："上次你是怎么做的？你真的很懂得怎么让妹妹睡得香。妹妹睡得越香，睡得越多，咱们在一起玩的时间就越多。"

### 案例二："为什么妹妹可以跟你睡，我却要自己睡？"

哥哥问妈妈为什么要跟妹妹睡时，妈妈可以这样告诉哥哥："你也想多跟妈妈待在一起，是不是？妈妈也很怀念你像妹妹这么小的时候。"要直接说出对孩子的爱，让他感受到妈妈是爱他的。不一定要在物质层面满足孩子，但一定要让他在心理层面感受到爱。

"一个人睡很孤单吗？怎么做可以让你不那么孤单呢？"鼓励孩子自己想方法解决难题，锻炼他独立的能力。

### 案例三：姐姐故意把弟弟吵醒

姐姐故意吵醒弟弟时，父母可以这样对姐姐说："我发现你有时候会忍不住把弟弟弄醒，但是有时候你又可以让弟弟安静地睡觉。你上次是怎么做到的，居然让弟弟安静地睡了三个小时？你是用了什么魔法吗？"

父母无形中的行为会增进孩子们的感情，或增加敌对的情绪，这完全取决于父母的智慧。所以我们做父母的在孩子面前一定要注意言行，用充满智慧的话语引导孩子更好地成长，也给孩子提供一个温馨、融洽的家庭氛围。

谢谢花生共和本花提供此案例。

## 108

## "妈妈今天可太轻松了。"

一个家庭如果有两个孩子,小的孩子往往都爱告状,嘴又甜,很讨大人的喜欢,显得大宝老实,嘴又笨。二孩之间的矛盾一般都是由二宝告状开始,大宝挨批评、哭闹结束。久而久之,大宝讨厌二宝的存在,孩子之间冲突不断。

解决二孩之间矛盾的核心原则是给大宝权利,给二宝关爱。因为大宝年龄大、能力强,需要被赋予更多权利和责任。这种方式很适合两个孩子年龄差在 7 岁以上,或者大宝已经上小学了,具备较强的自控力的家庭。可以让大宝管理玩具和零食的分配,赋予他管理的权利和责任,引导大宝给二宝更多的关爱。

如果家里的两个孩子年龄相差比较大,大宝学习时,二宝有时总爱捣乱。这时候,可以按以下的步骤做。

第一步,当二宝告状的时候,父母可以驳回。"不可能,哥哥(姐姐)不可能故意打你,因为当初就是哥哥(姐姐)说要生弟弟、妹妹,所以我们才生的你,哥哥(姐姐)是非常爱你的。"要让二宝知道他的出生与哥哥(姐姐)有关,让他知道哥哥(姐姐)的地位。

这样三次以后，二宝就再也不告状了。

第二步，如果确实是大宝打了二宝，父母可以把大宝偷偷叫到房间里，不要当着二宝的面去训大宝，这会让大宝觉得很没面子。可以悄悄跟他讲："哥哥（姐姐），你很少对弟弟（妹妹）这么生气，你可不可以告诉我发生什么了？咱下次别用打的方法。我看了真心疼，打坏了弟弟（妹妹），妈妈还得重新生，很麻烦，也很痛苦。咱们能不能有什么办法，让他既服从你的管理，又不打扰你的学习？你来想想，我可以跟你一起想。"这样会让大宝知道父母永远都支持他，同时会帮助他处理和弟弟（妹妹）之间的问题，教他如何成为一个好哥哥（姐姐）。

第三步，把更多关注点放在两个孩子和谐的时候。"哎呀，我今天可太轻松了，就是因为我们家哥哥（姐姐）会做管理，你看把玩具归类得多好。我们家弟弟（妹妹）今天也不错，很会配合，我觉得有两个宝贝太幸福了。"

这三招组合下来，保管家里风平浪静的日子会越来越多。

如果孩子之间的冲突很多，或者他们犯错了，必要的时候可以一起罚。找两个小凳子，让两个孩子站上去，掉下来就重新计时（这期间要保证安全）。一起接受惩罚的经历会让孩子们更团结，兄弟姐妹之间的感情会越来越好。

## 109

## "好希望妈妈是我一个人的。"

很多二孩家庭会出现大宝"退行"现象。比如,大宝是女孩,二宝是男孩。弟弟要喝奶,姐姐也要喝奶;弟弟要抱,姐姐就也要抱;喂弟弟吃饭,姐姐也让喂饭,否则就不吃。甚至上厕所,姐姐都要妈妈陪着去,行为简直退化到了婴幼儿时期。

"退行"是奥地利心理学家弗洛伊德提出的一种心理防御机制,是指人们在受到挫折或面临焦虑、应激等状态时,放弃已经学到的成熟的技巧或行为方式,而退行到使用早期生活阶段的行为方式。孩子认为这样可以获得更多的关注,尤其是当家里经常强调"弟弟比你小,所以弟弟要妈妈陪着睡""弟弟还小,不会走路,妈妈得抱他",这会更容易让大一点的孩子产生退行现象。

家长可以试着用这样的句子:"你比弟弟大,所以弟弟不能吃糖,你可以。""你长大了,弟弟还小,所以你能看平板学知识,他还不可以。"让孩子体验长大也是一件很美好的事。

当孩子说"我也要喝奶,我也要做小宝贝"的时候,妈妈可以这么说:"哦,好希望自己可以变得小小的,这样就可以让妈妈抱着，一直陪着了。好希望妈妈就是我一个人的妈妈，没有妹妹就好了，是不是？但是变小了，就只能喝奶，也不能吃冰激凌，好可惜啊。"

"哦，你觉得小宝贝什么都不用自己做，还可以让妈妈一直抱着、陪着，你好羡慕是不是？妈妈也特别怀念你是小宝贝的时候，可以一直陪着你，妈妈也不想你长大。咱们现在来玩一个把你变小的游戏好不好？我们有什么办法可以让你变小呢？变多小？变成像葡萄那么小可以吗？"用富有童真且有趣的语言，引领孩子走出消极情绪。

千万不要指责："你都这么大了，怎么还那么不懂事？你小时候妈妈也陪过你的。"其实大宝也还是个孩子，需要妈妈的爱与关心。

另外，可以试着增加跟孩子独处的亲子时光，在这段亲子时光里只做他一个人的妈妈，因为每个孩子都"好希望妈妈是我一个人的"。

谢谢花生共和本花提供此案例。

## 110

## "我们来魔法约会吧。"

这几乎是所有二孩妈妈都逃不过的问题:"妈妈你更爱我还是弟弟(妹妹)?"

妈妈的官方回答是:"你们两个都是妈妈的宝贝,我两个都爱。"孩子一定不满意,会继续追问:"那一定要选一个呢?"

"妈妈选不出来,因为你俩对我一样重要!"

孩子感到失望:"我就能选出来,如果有人问我爱妈妈还是爸爸,我会选爱妈妈。"

其实父母不必太在意这个问题的标准答案,而是要思考孩子为什么要问这个问题。因为孩子想确定自己是不是被在意,是不是很重要,这往往意味着孩子可能遇到了让自己受挫的事情,或者他的安全感和价值感不足,需要妈妈的补充。

这时候不必吝啬,妈妈可以告诉孩子:"宝贝,现在妈妈眼睛里只看得到你,妈妈超级爱你,因为你是我唯一的大宝贝。你知道吗,如果全世界6岁的孩子排成一排,让我选一个,我只选你。"孩子听了之后得多幸福。

试着给孩子一个温暖的拥抱："妈妈关心的是，你为什么突然想到问妈妈这个问题？你遇到什么事了吗？"

## 一对一魔法约会

如果两个孩子常常争夺妈妈，冲突不断，特别是大宝出现"欺负"二宝的现象，甚至在学校上课时也出现注意力不集中的情况。这时候，父母要思考自己给到孩子的陪伴是否不足，陪伴质量是否不高。

心理学发现，解决二孩或者说多个孩子之间相处矛盾最实用的方法，就是对孩子们分别进行一对一魔法约会。

一对一魔法约会是什么？妈妈放下手机，全身心一次只陪一个孩子，陪孩子做他喜欢做的事，并且是在每周的固定时间进行这样的魔法约会。

## 一对一魔法约会实操方法

一、约定时间："比如，每天早晨的 7：00 到 7：20 是和孩子间的魔法时间，可以在这个时间陪孩子做任何他喜欢做的事。"

二、一次只陪一个孩子，让每个孩子都体验到这个时刻爸爸（妈妈）是属于我一个人的，会让孩子体验到被重视的感觉，可减少孩子之间争抢爸爸（妈妈）关注的偏差行为。

三、具体做什么由孩子做主,但最好是孩子和妈妈都愿意做的事情,写作业或有任务要求的陪伴不算。一起逛超市,一起做面条,一起玩游戏,一起做运动都可以。二孩家庭都很忙碌,父母可以把魔法时间放到做家务的时间里,但不要批评、指责、催促孩子,要给孩子足够的欣赏和认同,这样才是魔法约会。

## 111

## "谢谢你用了宝贵的自控力。"

### 案例一：孩子起冲突时，要懂得双向沟通

"弟弟不要抢，这是你姐姐的，你玩你自己的就好。"

做父母的不要总想着做孩子冲突的法官，而是应该充当翻译家，帮孩子翻译他们心里的想法，实现双向沟通。

当两个孩子抢玩具的时候，妈妈可以看着弟弟说："你想要姐姐的车，哪怕姐姐正在玩，你还是想立刻拿去玩，是不是？

"其实这是姐姐的平衡车，对姐姐来说是非常重要的东西。不过妈妈相信姐姐能够体会到你很想玩的心情，姐姐一定会想到一个好办法来解决这个问题的。"

如果姐姐愿意分享，说："我玩好了再给你。"

此时，妈妈可以说：**"谢谢姐姐，妈妈就知道，姐姐会想到好办法来解决这个问题的。"**

如果姐姐还想自己一个人玩，坚持说："就不要。"

此时，妈妈可以抱走弟弟，并对弟弟说："好希望姐姐现在就

可以跟弟弟分享玩具，但是我们还要再等一等。我们可以把平衡车放在你的愿望清单里，来想一想你想要多大的、什么颜色的。"

## 案例二：孩子抢玩具时，可以这样做

我们发现能把孩子抢玩具这一问题处理好的家长基本都做到了以下三点。

第一点，两个孩子抢玩具的时候，家长千万不要当法官，因为家长越评对错，孩子的冲突就越多。我们换位想一想，如果妈妈跟奶奶吵起来了，妈妈让奶奶不要在孩子专注的时候打断孩子，奶奶听不进去。妈妈跟爸爸抱怨，爸爸无奈之下充当法官："妈也是好心，这点小事你就不能让让她吗？她能帮我们带孩子就已经很不错了。"妈妈估计得气得七窍生烟，因为这不是她想听到的，她想听到的是："老婆，你真不容易，为了孩子要学习科学育儿，妈又不配合，你也不能真跟妈吵起来。我知道你一直在控制情绪，可你千万别气坏了身体。我去跟她说。"换到孩子身上也是一样的。

第二点，我们要用一颗关爱的心安抚孩子。比如，弟弟把哥哥的玩具弄坏了。妈妈安慰哥哥："弟弟抢你的玩具，还用手抓你的脸，我看到你真的很生气。你的小拳头握得紧紧的，我知道你有一种超能力，就是你在生气的时候不会去伤害别人。今天，你向弟弟展示了你的超能力。你能告诉我发生了什么事情吗？看看我能不能帮到你。""弟弟把我的汽车摔坏了。"哥哥气呼呼地说。

第三点，要启发孩子自己思考。"那你的想法是什么？你想怎么办？"如果孩子说的方法很好，妈妈就让他去做。如果孩子还在气头上，会说"我要打弟弟，我要把他的玩具也摔坏"。这时，哥哥还陷在情绪里，妈妈要继续用爱安抚他。"你还是好生气，你气得都想打弟弟了，但是你并没有真的打他。谢谢你用不伤害弟弟的方式来表达情绪，谢谢你越来越会控制自己。"

如果哥哥打了弟弟，妈妈可以跟他说："你打了弟弟两下，妈妈喊停，你就停了，因为你知道打人是不对的，说明你的自控能力有提高。"哥哥发现妈妈肯定了他，他的气就消了一大半，但他现在还在想要不要去打弟弟。接下来就是启发他自己来解决问题："那我们来看看你的汽车摔成了什么样。确实是要修理了。那你是想一个人修，还是妈妈喊上弟弟陪你一起修？"

用充满爱的安抚和启发性的提问就能化解孩子之间大部分的争抢矛盾，因为在多孩家庭里，孩子们争抢的往往不是玩具，而是父母对自己的关爱。

谢谢花生共和本花提供此案例。

## 育儿小课堂

### 112

## "为什么你只爱弟弟?"

### 🍭 案例:"为什么妈妈只爱弟弟,不爱我?"

有一天晚上睡觉的时候,妈妈搂着弟弟睡觉。姐姐在旁边生气地说:"妈妈天天搂着弟弟睡觉,都没有搂我睡觉。"

妈妈想了一下说:**"宝贝,我知道你现在生气了,因为妈妈没有先搂你睡觉,让你伤心了。"**

姐姐默不作声。

妈妈接着说:**"谢谢你说得这么清楚,我听到了。你能把自己的情绪表达得这么清楚,我有点儿欣赏你哦!我爱你哦!"**

说到这里,姐姐立马笑着说:"妈妈,我有个心愿,你能帮我实现吗?"

妈妈问:"是什么?"

姐姐说:"是巨型棒棒糖!"

妈妈问有多大,她说像拳头那么大。

妈妈说:"我以为有房子那么大呢!宝贝你知道吗,你刚才把你的坏情绪给释放走了，就在你说要妈妈帮你实现愿望的时候。"

姐姐笑了。

妈妈接着说："你的情绪走得好快呀！像火箭一样飞走了。"

姐姐说："是坐着火箭走了，飞到天上去了。"

妈妈又问："那怎样才能既搂着弟弟又搂着你呢？"

姐姐说："你睡我们中间就行了。"

妈妈说："你好棒！我先去给车充电，回来就搂你们睡哦！"

姐姐答应了，等妈妈回来，她都睡着了。看她睡着的样子像天使一样，妈妈忍不住亲吻了她的额头。

## 作者（花花老师）点评

这位家长活学活用了"爱你四首歌"。这是我原创的一种可以搞定孩子发脾气并让孩子自己解决问题的方法，分为四步。

第一步："谢谢你愿意主动跟妈妈说心里话。"

第二步："不管你说什么，妈妈都爱你。"

第三步："这么做很不错，妈妈很欣赏你。"

第四步："那这个问题怎么解决更好呢？"

当姐姐觉得妈妈陪弟弟多，陪她少的时候，先不要急着跟她解释，因为弟弟小啊之类的原因。这样会让她觉得她也想变小，不要当姐姐了。

应该先看到姐姐这时候是渴望妈妈的爱和关注的，并且能把心里的想法说出来是很有勇气的事，特别是姐姐不是用捣乱、哭闹的行为来求父母关注，她能好好说出心里的想法已经很棒了。

智慧的父母这时候要先谢谢孩子说出心里话，谢谢孩子把话说得这么清楚，这样孩子的情绪就会被"看到"，也会有更多的勇气说出她真正的想法。

比如，这个案例中的姐姐想要一个巨型棒棒糖，也许是最近她想吃糖被妈妈拒绝了，她难受想要妈妈抱她，妈妈说手里抱着弟弟没办法抱她。孩子就觉得妈妈更爱弟弟，不爱她了，所以妈妈才不给她买糖，也不抱她。买糖是孩子确认被爱的方式之一，所以当妈妈问巨型棒棒糖有多大时，姐姐并没有一直纠缠要买，说明糖不重要，被妈妈爱才重要。

所以，智慧的父母要懂得欣赏孩子。"你很会管理自己的情绪，让坏情绪像火箭一样嗖地飞走了，妈妈很欣赏你。"这样立马看到孩子好的表现，还用孩子完全听得懂的方式说出来，孩子的心情一下子就变好了。

"爱你四首歌"的最后一步，就是鼓励孩子自己想出解决办法，前三步都是为了先搞定孩子的情绪，没有了情绪就可以轻松搞定事情。每个孩子想的解决办法都是独一无二的，并且自己想出办法会让孩子很有能力感，长大后会是个很会想办法解决问题的人。

# Chapter 9

## 给孩子种下好种子

## 113

# 好孩子都是种出来的

| 外人种烂种子，给孩子贴标签 | 父母种好种子，给孩子撕掉标签 |
|---|---|
| "你真好动。" | "你真好奇。" |
| "你真调皮，淘气鬼！" | "你很灵活，跑得很快。" |
| "你太不听话了。" | "你有自己的想法。" |
| "你胆子这么小，男孩要有男孩样。" | "你在积攒勇气，妈妈陪着你。" |
| "你脾气太大了。" | "你知道坏情绪不能积压。" |
| "小小年纪还撒谎。" | "你是不是怕妈妈对你失望？" |
| "你怎么老说话不算话？" | "你的想法改变了是吗？" |
| "要做乖孩子，才有更多人喜欢你。" | "要做你自己，妈妈喜欢真正的你。" |
| "你这个小结巴。" | "你想说清楚，是不是有点儿着急？" |
| "你太粗心了，这么简单的题都做错。" | "看来我们还要学会多多检查。" |
| "你太笨了。" | "你只是跟他们都不同。" |
| "你怎么这么输不起！" | "妈妈知道你有上进心，你想赢。" |

## 114

## "你不是好动,是太灵活。"

### 直接发出正确指令更有效

我们来玩一个游戏:你现在不要去想一只白色的猫,不要去想一只有着长长尾巴,全身雪白的猫。大家会想到什么?

你脑海里想到的就是一只白色的猫,因为我们的大脑有时会自动忽略掉"不"字。人类大脑处理否定词比较困难,我们有时会把否定听成肯定,特别是大脑发育还很不成熟的孩子。

你说"不要跑",孩子听到的是"跑"。

你说"不要动",他听到的是"动"。

你说:"你再打我一次试试?"2岁左右的孩子真的会再打你一次,因为他听到的是"打一次试试",尤其是这种反问的句式,孩子的大脑很难转过弯来。他真的会很"听话"地再打你一次。然后家长就爆炸了,孩子会很蒙。

正确的方法就是直接说出正确的指令,不要拐弯抹角。

想让孩子不要跑，我们可以说"你慢慢走"。当孩子慢了点儿，你可以说："**谢谢你慢慢走，让妈妈可以跟上你，这样也很安全。**"

想要孩子不在沙发上跳，你可以说："**沙发是用来坐的，如果你想跳，可以在瑜伽垫子上跳。**"孩子不乐意，你可以说："**来，在垫子上跳，跟妈妈玩个跳高的游戏，看看你可以跳得多高？**"孩子不会抗拒玩游戏的。

不要说："能不能坐好了吃饭？"可以换成："坐好，屁股黏在凳子上。"

不要说："写个作业动来动去，干什么！屁股上长虱子了吗？"可以换成："很好，你的手在专注地写字，身体坐稳的话，字会写得更漂亮！"

不想让孩子跟自己对着干，家长就要情绪稳定，好好跟孩子说话，家长潜移默化的影响大于一切外在力量。

有儿童语言学家发现，3岁以前，孩子92%的语言是直接模仿父母；6岁以前是89%。家长好好说话，孩子就会听话。

## 案例：多关注孩子的好行为，少关注孩子的坏行为

吃饭的时候，2岁的左左爬上桌子，很多家长会脱口而出："下来！你爬到桌子上干什么！"如果孩子不乐意，家长就会强行把孩子抱下来。孩子一哭，家长又会训斥，亲子关系就这样遭到一

次小破坏。

其实1~6岁的孩子都喜欢爬高处、钻桌底，走不寻常的路。这是孩子在发展自身的空间感，空间感发展良好的孩子长大后学习空间几何会有优势。同时在不影响安全的情况下，适当允许孩子自由攀爬，可以培养他的冒险精神，孩子长大后会敢闯敢拼。

家长可以试着这样说："啊！你可真灵活，一下子就能爬上桌了（喜悦的情绪会感染孩子），那我们怎么能安全地下来呢？"孩子大概率会继续展示自己的爬功，等他安全下来之后，你可以略带惊喜地说："哇，你果然很灵活，安全下来了。那我们快快吃好饭，妈妈带你去外面玩爬高游戏吧。"

如果孩子不乐意，他很可能是意志坚定的激进型孩子。家长此时不要喊叫、吼骂，把孩子直接抱下来就可以了。

如果孩子不想下来，可以启发孩子思考："餐桌是用来干什么的？对，用来吃饭的。宝贝你在桌子上坐着，我们的饭就没地方放了，这可怎么办呢？"让孩子自己思考，好过家长强硬地命令，不用死拖硬拽，孩子反而更合作。

永远不要让孩子从你的嘴里听到负面的评价，不要说"你真调皮，你皮死了"，"你怎么就坐不住，这么好动"。说多了会有强化效应，可能会因此导致孩子上学后成为好动、坐不住的学生。

不要讲上课不要乱跑，可以抱抱孩子说："你能记住那么多车的名字，你能学会认字写字，你的脑子很灵活，身体也很灵活。如果你坐下来听课，老师能看到你亮晶晶的眼睛，对吧？你跑来跑去的话，老师还能看到吗？不能，是不是？"把孩子好动的标签换掉，换成灵活。让孩子相信他不仅身体灵活，脑子也灵活，越长大会越优秀。

我们在孩子做对了事情时一定要大力嘉许，在孩子做错了事时不要过多关注。错误行为得不到关注会慢慢消失，好行为被大力嘉许，会越来越多！我们看待孩子时不要用负面思维，只能用正面思维，这就是正面教育的力量。

试着用喜悦的心情对孩子说："你真是灵活啊，跑得很快，也可以及时刹车。妈妈真喜欢你啊！"

## 115

## "你不是调皮，只是好奇。"

家长常常会说这孩子太调皮，跟其他家长聊天时也会无意吐槽："我家孩子太皮了，你家孩子好懂事，怎么教的？"小心！孩子在一旁玩，可能会听到你对他负面的评价。

希望所有家长都知道一个真相，孩子不是调皮，只是好奇。这世界上没有调皮的孩子，孩子只是好奇心旺盛。调皮是颗很烂的种子，种多了烂种子，孩子会越来越调皮。

欣赏别人家孩子乖巧，家长可以说："**你家孩子真好啊，你说话，他都在认真听，说明你们带得好，怪不得我家孩子很喜欢找你家孩子玩。**"可以跟对方家长一起欣赏孩子的优点，但不必夸一踩一。

孩子不小心打到别人，家长可以说："**你的手特别有力量，所以打到乐乐，他会很疼很疼，你是不是也没想到会这么疼？有什么办法能让乐乐好受些呢？**"

孩子把新买的玩具拆了，家长可以说："**你为什么把玩具给拆了呢？妈妈想听听你的想法。**"听听孩子心里的想法，然后说：

"我就知道你是个特别有好奇心的孩子,所以特别肯钻研。这么难拆的东西你都拆开了,有点儿了不起。那怎么能装回去呢?"

孩子会发现有些能装回去,有些不能,自己就知道这样拆玩具的后果了。

家长担心这样会不会惯坏孩子,答案是:不会,真正被爱的孩子不会做坏事。

我家小宝3岁半时把平板泡在水里,那是新买的平板,等我发现时已经在水里泡了半个小时。当时虽然很心疼,可我没有吼他、骂他,而是继续回去开我的线上会议:"大家放轻松,虽然这个项目目前还没有我们满意的方案,可人生也不会变得更糟糕。毕竟,我儿子刚用水泡了一个平板,现在都还在滴水,我的心真痛啊,它让我瞬间不烦恼项目的事情了。你们继续想,我去处理下那个泡水的平板。"同事们听完我的悲惨故事,笑得都很开心,一开心,灵感就来了。等我回来后,项目的解决方案也顺利出炉了。

当晚,我没有骂小宝,只是如实地告诉他:"平板泡了水,就开不了机,你很长一段时间都看不了平板了。"

第二天,我带他去修平板,让他亲眼看了整个修理过程。两个月后,爸爸让他选洗澡玩具,他边拿边说:"爸爸,这辆带电的挖掘机是不能拿的,因为带电的东西不能泡水。"

我想这就是孩子学会物理的活生生案例,而且他再也没有做过类似的坏事。甚至他要用水泡我的口红时,我告诉他,口红会化掉,就像平板一样会坏掉,他一下子就理解了。所以家长可以多让孩子直接体验到行为本身带来的后果,慢慢地,他就会长大!不要担心孩子会变坏,心中有爱的孩子永远不会变坏。

## 116

## "你真的很会和奶奶合作呢。"

在中国，有 94% 的家庭是隔代带娃，其中冲突最多的是：父母认为老人太宠溺孩子。比如，奶奶常常说："我们家宝贝好乖，宝贝好棒，宝贝真厉害，宝贝最聪明了！"

年轻人一听，心里咯噔一下，"这么夸，还不得夸出玻璃心来"，焦虑的妈妈为了说服老人，搬出专家的说辞："妈，不要夸孩子真棒、真聪明，这样对孩子不好，他以后会经受不住挫折。"老人家通常听不进去，或者口服心不服，因为没人喜欢自己被否定。

在这里可以教妈妈们一招，既不用否定奶奶，还能培养出高情商的孩子。比如，可以对孩子说："**宝贝，我听到奶奶说你好棒，因为奶奶看到你乖乖坐在椅子上大口吃饭，怪不得吃饭这么快！**"帮助奶奶做具体化的翻译，让孩子知道大人具体夸的是自己的哪一点，他以后会强化这方面的优点。

这样正面帮助老人做翻译，老人会很开心地说："妈妈说得对，宝贝吃饭变快了，真厉害！"

给大家展示一个简单实用的翻译公式：

**我（父母）看到 / 听到孩子的具体行为 + 我（父母）的感受 + 你真是××好品质的孩子**

> 老人夸宝贝好厉害，妈妈来翻译："奶奶的意思是，她看到你会主动穿鞋子，还能分清左右脚。奶奶有点儿吃惊，你真是独立又能干的孩子！"
>
> 老人夸宝贝真乖，妈妈来翻译："我听到你提醒奶奶要慢慢喝水，你很会关心奶奶，奶奶好开心。你在关心和体贴家人，真是孝顺的孩子！"也许孩子不完全懂得孝顺的意思，但他知道这是好的行为，可以继续这样做，这样孩子越大越孝顺。
>
> 老人夸宝贝真聪明，妈妈来翻译："我听到奶奶说把玩具收起来，你就真的跟奶奶一起收玩具了。奶奶很开心你跟她合作，你真是个会合作的孩子！"记住，我们不培养听话的孩子，只培养会合作的孩子。

希望孩子听话，家长会培养出一个提线木偶，他会非常关注别人是否喜欢他，他要用听话的行为去讨得别人的喜欢。这样的孩子会很敏感，很在意别人的想法，而忽略自己的感受，长大后会活得太累。但是会合作的孩子考虑的是两个人的需求，自己的需求和别人的需求是同样重要的，不会过多委屈自己。

我们可以多多给老人做示范，展示如何正确欣赏孩子，如何跟孩子合作。这样不仅可以照顾到老人的情绪，也锻炼了孩子的能力。

## "不要做乖孩子，要做你自己。"

我发现做父母的有一个矛盾心理，在孩子刚出生的时候，说"我不希望我的孩子做乖孩子，我不希望他听话"，但是养了两三年后，觉得肺都气炸了，于是父母说"我想让孩子听话一点儿"。有没有发现自己的思想发生了微妙的变化？发生这些变化往往是因为缺少教育孩子的方法，具体的方法是什么？不是让孩子变乖，而是要孩子学会合作。合作是什么？合作就是既能够满足我，也能够顾念到别人，这个就叫合作。所以不需要让孩子做乖孩子，我们要让孩子做他自己。

孩子不听话是因为他们主意大，有主见。

没有天生爱顶嘴的孩子，要么就是你说的他不服气，要么就是孩子被情绪困住了，才会跟父母对着干，这种孩子一般来说都有自己的主见，所以父母要改变思路，把爱顶嘴的孩子转换成有想法、有主见的孩子。

比如，孩子不愿意洗澡，父母说：**"我发现你长大了有自己的想法了。"** 当这句话一说出来的时候，孩子会有些吃惊："怎么大人跟平时说话不一样了？"父母接着说："我想听一听你想怎样去洗澡，你是拿着小汽车去洗澡，还是让我牵着手去洗澡？"

他说："我不洗澡。"

孩子依旧坚持自己的想法，这时候父母可以说："我想听听你怎样才能去洗澡？"孩子怎么说，父母都不生气，什么话都能接得住，有些父母觉得这样好辛苦。其实这样一点儿都不辛苦，因为父母不用哄他、训他、打他，不用发脾气，也不用花更多的时间跟孩子争论。最重要的是，孩子借助这些事情慢慢形成了这样的思维：知道自己是有主见的，是有想法的，并且自己的想法很重要。孩子的主动思考能力就在这些小事中慢慢培养了。

## 118

## 不培养听话的孩子，只培养合作的孩子

在孩子5岁以前，父母用威胁、打骂、吼叫的方式教育孩子，会让孩子立刻变听话，因为这样做激发了孩子的恐惧心理，他担心父母不要他了。但同时这样的教育方式有着严重的副作用！比如，内向的孩子会变得胆小、退缩；外向的孩子会有样学样，以后做什么都讲条件，越大越难管。打骂、吼叫的方式让孩子变得听话，也让他的情商变低！

面对如此情况，父母（下面以妈妈为例）可以换一种沟通方式：

> 妈妈好好说话："宝贝，我看到你地上的汽车玩具没有收。"（说事实）
> 
> 孩子："我不想收。"
> 
> 妈妈（蹲下来说）："宝贝，你不想收的理由是什么呢？"（好奇孩子心里的想法）

> 孩子："我还要玩，收了就不能玩了。"
>
> 妈妈（欣赏的语气）："原来是这样啊，你说出来，妈妈一下子就懂了。那有什么办法既能让你玩，又不会让玩具绊倒妈妈呢？"
>
> 孩子："你可以绕着走呀。"
>
> 妈妈："果然是我儿子，这么快就想到一个办法。那有什么办法能不仅不绊倒人，家里看着也不乱呢？"（鼓励孩子思考）
>
> 孩子："你把玩具收到我这里就行了呗。"
>
> 妈妈："这又是一个新主意，那我们合作，看 10 秒的时间可不可以清空地板吧！"

收完玩具，妈妈亲吻孩子的额头："宝贝，谢谢你愿意拿出时间来收拾玩具。现在，妈妈看到家里地板干净多了，而且也不用担心会绊倒家人，我特别开心，谢谢你愿意照顾家里人的感受。"（说谢谢＋谈感受）

这两种对话方式最重要的差异是，前者认为只有一种解决办法，就是说服孩子自己收玩具，说服不了就是孩子不听话。只想让孩子听话的教育是带着控制欲的，没有人喜欢被控制！

后者认为问题的解决办法不止一种，不是说服孩子而是好奇他的想法是什么，然后想到足够多的方法来同时满足两个需求。这样拥有多元思维的孩子将来的人际关系一定更和谐，情商会更高。

最重要的是，父母忘了去感谢孩子的付出，家里人的点滴付出都是值得被看见、被感激的。孩子不在意家里是乱还是干净，家里干净是大人的需求，孩子愿意做就是在满足大人的需求，我们是需要表达感谢的。

可能有些孩子被打压的次数多了，父母启发他思考的时候，他会回答："不知道，没办法。"父母这时候可以先拥抱孩子，温柔地说："敢于说出不知道是件好事情，这样我们的脑袋瓜就会重新启动，帮助我们思考。玩具放在哪里，别人就踩不到呢？"缩小思考范围，再次启发，同时抱抱孩子，给他勇气。

有时候，孩子说什么都是跟父母对着干。比如，"我就不要""我喜欢乱""喜欢摔倒"。这是因为：第一，孩子觉得父母的担心很多余，他不觉得自己会摔倒，也不怕摔倒，所以拒绝父母；第二，凡事都跟父母对着干，就是不喜欢父母、跟父母的关系不好的信号。父母一定要学会好好说话，建立良好的亲子关系。

比如，妈妈可以好奇地说："呀，原来我家儿子不怕摔倒啊，长大了连摔倒也不怕了。"然后再问孩子为什么不想收拾的真实原因。

我们不是要培养听话的孩子，而是要培养合作能力强的孩子。所以为人父母的我们要多多学习，给孩子更多思考和选择的自由。

## 119

# 学习魔法语言后，父母和孩子的美好日常

### 🧊 第一个拥抱

早上起床后，妈妈在厨房做饭，盼盼跑过来了。妈妈看到她穿着爸爸的拖鞋，她平时不穿拖鞋的时候很多，今天能穿爸爸的拖鞋，也不错呀，但妈妈还是想让她穿回自己的小拖鞋。

"妈妈，我要吃煮鸡蛋。"

"嗯，盼盼很喜欢吃煮鸡蛋，可是……"妈妈把目光定在她脚上的拖鞋上，继续说，"可是，妈妈看到的是爸爸的拖鞋，爸爸可不想吃鸡蛋，怎么办呢？"

盼盼马上跑去换上了自己的拖鞋，然后开心地跑到妈妈面前。

"哇，不错哟，这火箭炮的速度！我女儿果然是个行动派！"

妈妈边说边抱抱她，这是妈妈今天给她的第一个拥抱。

盼盼是早起型的孩子，妈妈每天早上起来做饭的时候，她都会醒。妈妈在灶台旁忙，她来顶妈妈的屁股，她们就玩起了顶屁股游戏。只有几分钟，盼盼就玩得哈哈大笑。这就是父母对孩子的重视和关注吧，随时随地都能和孩子玩起来。

## 第二个拥抱

饭快好了，盼盼主动去收拾桌子，因为她昨天收拾过，所以今天自动承担起了这个任务。

妈妈看到盼盼把桌子上的东西都扔在了沙发上，从一个乱的地方放到了另一个乱的地方，妈妈马上给她做示范。

"盼盼，收拾东西要这样，你看……"

妈妈把本子、铅笔放在架子上，盼盼就把玩具收进了玩具箱里，把昨晚的小手工放在了茶几上。妈妈和盼盼一起把碗筷摆好，准备吃饭。

"哇，妈妈看到干净的桌子、整洁的沙发，感觉好舒服呀，盼盼真是个会收纳的小能手。"

说完，妈妈给了孩子今天的第二个拥抱。

## 第三个拥抱

一起吃饭的时候，妈妈说："宝贝，今天是最后一天上幼儿园，明天就可以休息了。今天要玩得开心哟，明天我们一起去爷爷家。"

盼盼："好的。"

妈妈："你去上幼儿园，妈妈会想你的！妈妈都不能上幼儿园，太羡慕你了。"

又说又亲又抱，这是今天的第三个拥抱，心理营养补充得很足,盼盼很开心,上学一点儿压力都没有。

## 引导孩子说出自己的想法

盼盼:"妈妈,我要吃那个。"
妈妈:"那个是什么呀,它有名字吗?"
盼盼:"饹馇馒头。"
妈妈:"嗯,试着连起来说一下。"
盼盼:"妈妈,我要吃饹馇馒头。"
妈妈:"**好的,你看这样一说,妈妈一下子就听懂了。**"

## 记住小朋友的名字

妈妈:"昨天放学的时候,你跟一个小朋友玩得特别开心,那个小朋友叫什么名字呀?"

盼盼不知道,回答不上来。

妈妈:"咦,妈妈拍照了,你来看一下。"

妈妈拿出她俩昨天在校园里骑小车的照片给盼盼看,并提醒了一下"张……",然后盼盼马上说出了小朋友的名字。

妈妈:"你看,大家都有名字,小馒头有名字,小朋友也有名字。**我们能叫出小朋友的名字,他们会很开心的。**"

然后,她们把班级群里老师发过的照片翻了一遍,盼盼准确找出了"张子墨"的照片。这是我们经常玩的小游戏,教她认识小朋友很管用。

## 提醒孩子别忘带东西

妈妈:"盼盼,你昨天跟妈妈说袜子丢在学校了,今天一定要拿回来哦。袜子上完一天的幼儿园,如果不回家,它也会害怕的哟。"

盼盼:"好的。"

妈妈:"对了,还有一件物品需要你照顾,就是你的小衣服,昨天把它弄湿了,今天一定要照顾好它哟。它湿了的话也会生病的,那样就太糟糕了。"

盼盼:"好的,我不会弄湿的,我会照顾好它的。"

妈妈:"哇,我家盼盼一天比一天长本事了。"

## 带着愉快的心情出门

因为昨天愉快的识字经历,盼盼今天又对着墙上的汉字贴纸问来问去,所以又认识了很多字。

出门的时候,盼盼看到外面在盖的房子又变高了。

盼盼:"妈妈,放学的时候,我要好好看看这个房子多高了。"

妈妈:"好呀,小房子在一天天变高,盼盼也每天都在学本领,一天比一天长大,妈妈好开心呀。"

早上短暂又愉快的相处时间结束了,出门上学的盼盼哼着小调。

每次说出这些温暖的话,妈妈都想去抱抱盼盼,花花老师说"一天抱孩子 16 次",你抱够了吗?不一定非要抱这么多次,但对孩子的重视一定要给到。

## 大笑游戏目录表

❶ **枕头大战**——锻炼反应力、手部力量

❷ **动物大逃亡**——培养自理能力、规则感

❸ **速度飞机**——提升亲子关系、语言能力

❹ **缩手缩脚游戏**——锻炼自控力、听觉专注力、快速反应力

❺ **打地鼠**——锻炼反应力、视听专注力

❻ **大吊车夹娃娃**——提升亲子关系、腿部力量

❼ **甩掉小树懒**——提升亲密关系、大运动能力

❽ **我能甩得掉**——锻炼全身运动能力

❾ **推手游戏**——提升抗压能力、反应思维力

❿ **突破包围圈**——培养观察力、反应力、规则感

大笑游戏是花花老师在 11 年的儿童心理学工作中发现的提升亲子关系最有效的方法，也是释放孩子的压力、缓解焦虑情绪、清除负面情绪最有用的日常方法。而且特别简单，人人都学得会，年轻父母和孩子的祖父母都可以跟着大笑游戏给孩子高质量的陪伴。

大笑游戏可以总结为：简单易学，孩子喜爱，大人喜欢，是育儿长久有效的一大法门。

我们相信只要有好的亲子关系，就能轻松做教育；

我们相信只要让孩子每天哈哈大笑，就是高质量的陪伴；

拥有高质量的陪伴就能拥有健康的亲子依恋关系。

现在轮到你了，陪孩子一起笑起来！

因为，孩子笑了，教育就对了。

扫码免费领取
"大笑游戏"视频教程